LIGAMUNDO

GEOGRAFIA

ELIAN ALABI LUCCI
Bacharel e licenciado em Geografia pela Pontifícia Universidade Católica de São Paulo (PUC-SP)
Professor em escolas particulares
Diretor da Associação dos Geógrafos Brasileiros (AGB) — seção local Bauru-SP

ANSELMO LAZARO BRANCO
Licenciado em Geografia pelas Faculdades Associadas Ipiranga (FAI)
Professor em escolas particulares

5º ano
Ensino Fundamental • Anos Iniciais

Editora Saraiva
São Paulo – 1ª edição – 2018

Editora Saraiva

Direção geral: Guilherme Luz
Direção editorial: Luiz Tonolli e Renata Mascarenhas
Gestão de projeto editorial: Tatiany Renó
Gestão e coordenação de área: Wagner Nicaretta (ger.) e Brunna Paulussi (coord.)
Edição: Maria Luisa Nacca, Raquel Maygton Vicentini e Simone de Souza Poiani
Gerência de produção editorial: Ricardo de Gan Braga
Planejamento e controle de produção: Paula Godo, Roseli Said e Marcos Toledo
Colaboração para desenvolvimento da seção *Conectando saberes*: Mauro César Brosso e Suzana Obara
Revisão: Hélia de Jesus Gonsaga (ger.), Kátia Scaff Marques (coord.), Rosângela Muricy (coord.), Ana Paula C. Malfa, Brenda T. M. Morais, Gabriela M. Andrade e Maura Loria
Arte: Daniela Amaral (ger.), Claudio Faustino (coord.) e Felipe Consales (edição de arte)
Diagramação: Arte Ação
Iconografia: Sílvio Kligin (ger.), Denise Durand Kremer (coord.) e Daniel Cymbalista (pesquisa iconográfica)
Licenciamento de conteúdos de terceiros: Cristina Akisino (coord.), Angra Marques (licenciamento de textos), Erika Ramires e Claudia Rodrigues (analistas adm.)
Tratamento de imagem: Cesar Wolf e Fernanda Crevin
Ilustrações: Giz de Cera, Hagaquezart Estúdio, Ilustra Cartoon e Jótah
Cartografia: Eric Fuzii (coord.), Alexandre Bueno (edit. arte) e Robson Rosendo da Rocha (edit. arte)
Design: Gláucia Correa Koller (ger.), Erika Tiemi Yamauchi Asato (capa e proj. gráfico) e Talita Guedes da Silva (capa)
Foto de capa: Samuel Borges Photography/Shutterstock
Ilustração de capa: Ideário Lab

Avenida das Nações Unidas, 7221, 1º andar, Setor A –
Espaço 2 – Pinheiros – SP – CEP 05425-902
SAC 0800 011 7875
www.editorasaraiva.com.br

Dados Internacionais de Catalogação na Publicação (CIP)
(Câmara Brasileira do Livro, SP, Brasil)

Lucci, Elian Alabi
Ligamundo : geografia 5º ano / Elian Alabi Lucci, Anselmo Lazaro Branco. -- 1. ed. -- São Paulo : Saraiva, 2018.

Suplementado pelo manual do professor.
Bibliografia.
ISBN 978-85-472-3439-3 (aluno)
ISBN 978-85-472-3440-9 (professor)

1. Geografia (Ensino fundamental) I. Branco, Anselmo Lazaro. II. Título.

18-16305 CDD-372.891

Índices para catálogo sistemático:
1. Geografia : Ensino fundamental 372.891

Maria Alice Ferreira - Bibliotecária - CRB-8/7964

2024
Código da obra CL 800663
CAE 628081 (AL) / 628083 (PR)
1ª edição
9ª impressão

Impressão e acabamento
Log&Print Gráfica, Dados Variáveis e Logística S.A.

Uma publicação SOMOS EDUCAÇÃO

Apresentação

Caro aluno,

Você já notou como as crianças menores que você perguntam "por quê" muitas vezes? "Por que isso? Por que aquilo? Por que é assim?"

Apesar de você já estar maior, continua querendo descobrir muitas coisas, não?

Como é o espaço ao seu redor e como são outros mais distantes? Por que as pessoas são diferentes? Será que elas vivem do mesmo jeito? De onde vêm os produtos que usamos e como eles são feitos? Por que dizem que o mundo está interligado? Por que há tantos problemas com a natureza?

São perguntas que já devem ter passado pela sua cabeça.

Este livro de Geografia é para crianças como você: curiosas e criativas. Ao utilizá-lo, com a orientação do professor e trocando ideias com os colegas, você será capaz de responder a muitas perguntas e descobrir muitas coisas.

Esperamos com isso ajudá-lo a compreender o mundo que o cerca e a participar dele.

Um excelente ano com muitas descobertas e realizações para você!

Os autores

Conheça seu livro

Este livro está dividido em nove unidades.

UNIDADE

8 O povo brasileiro – indígenas

Nesta unidade você vai:

- Reconhecer alguns aspectos da diversidade do povo brasileiro.
- Explicar o significado de miscigenação, cultura e etnia.
- Relacionar as migrações internas e seus impactos no estado onde vive.
- Refletir sobre o preconceito e a discriminação.
- Relacionar o processo de ocupação do território brasileiro pelo colonizador português com a situação dos indígenas na atualidade.
- Reconhecer a diversidade e a riqueza cultural dos povos indígenas no Brasil.
- Reconhecer a importância do território para as comunidades indígenas.

1. O que você observa nas fotografias?
2. Em sua opinião, as fotografias retratam a diversidade do povo brasileiro? Explique.
3. Os indígenas participaram da formação do povo brasileiro? Explique.
4. O Parque Indígena do Xingu é uma Terra Indígena. O que você sabe sobre Terras Indígenas?

1. Pessoas na movimentada rua 25 de março, na cidade de São Paulo (SP), em 2016.
2. Indígenas do povo Waurá dançando durante cerimônia de quebra de castanha do pequi, no Parque Indígena do Xingu (MT), em 2013.

124 125

Abertura de unidade

Nesta seção você conhecerá o que vai aprender ao longo da unidade, além de conversar com os colegas sobre o que já sabem a respeito dos temas que serão estudados, a partir da leitura de imagens.

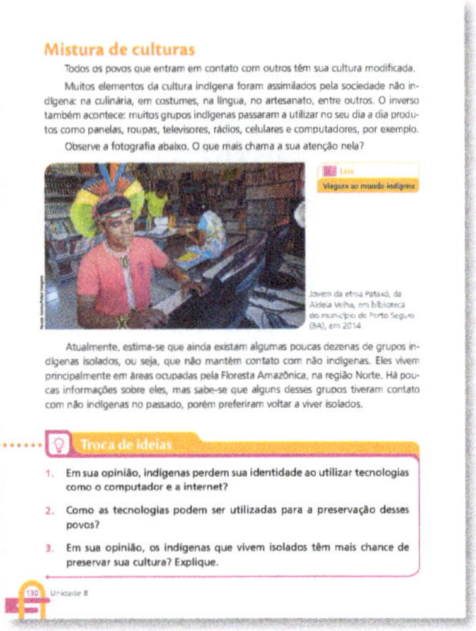

Mistura de culturas

Todos os povos que entram em contato com outros têm sua cultura modificada.

Muitos elementos da cultura indígena foram assimilados pela sociedade não indígena: na culinária, em costumes, na língua, no artesanato, entre outros. O inverso também acontece: muitos grupos indígenas passaram a utilizar no seu dia a dia produtos como panelas, roupas, televisores, rádios, celulares e computadores, por exemplo.

Observe a fotografia abaixo. O que mais chama a sua atenção nela?

Leia

Viagem ao mundo indígena

Jovem da etnia Pataxó, da Aldeia Velha, em biblioteca do município de Porto Seguro (BA), em 2014.

Atualmente, estima-se que ainda existam algumas poucas dezenas de grupos indígenas isolados, ou seja, que não mantêm contato com não indígenas. Eles vivem principalmente em áreas ocupadas pela Floresta Amazônica, na região Norte. Há poucas informações sobre eles, mas sabe-se que alguns desses grupos tiveram contato com não indígenas no passado, porém preferiram voltar a viver isolados.

Troca de ideias

1. Em sua opinião, indígenas perdem sua identidade ao utilizar tecnologias como o computador e a internet?
2. Como as tecnologias podem ser utilizadas para a preservação desses povos?
3. Em sua opinião, os indígenas que vivem isolados têm mais chance de preservar sua cultura? Explique.

130 Unidade 8

Reforma agrária

Atualmente, os latifúndios ocupam mais da metade da área total das propriedades rurais do país. Muitos desses latifúndios são improdutivos, ou seja, não produzem nada ou produzem muito pouco. Não oferecem, assim, oportunidades de trabalho aos moradores do campo. Aqueles que produzem utilizam um pequeno número de trabalhadores porque grande parte do trabalho é realizada por máquinas agrícolas.

latifúndio: grande propriedade rural.

A concentração de terras nas mãos de poucas pessoas é um grave problema social no Brasil, fazendo-se necessária uma reforma agrária, ou seja, uma distribuição das terras não utilizadas para os trabalhadores rurais, a fim de que possam cultivá-las e garantir sua permanência no campo.

Porém, apenas a distribuição de terras não é suficiente para garantir a melhoria das condições de vida desses trabalhadores. Essa medida precisa ser acompanhada, por exemplo, de ajuda técnica e financeira do governo, para que eles possam cultivar e obter boas colheitas.

Família organizando a colheita de pinhas em terras fornecidas pelo governo, no município de Petrolina (PE), em 2016. O número de famílias beneficiadas com a reforma agrária no Brasil nas últimas décadas foi o maior de toda a história do país. Ainda assim, muitas famílias permanecem sem uma propriedade rural para trabalhar e sobreviver.

Vamos falar sobre...

Cooperativas agrícolas

Além de receber orientação técnica e auxílio financeiro do governo, é importante que os pequenos produtores se organizem em cooperativas agrícolas.

cooperativa: associação de pessoas com os mesmos objetivos e desafios.

- Em grupos de três alunos, façam uma pesquisa para descobrir por que as cooperativas agrícolas são importantes. A pesquisa pode ser feita em *sites* da internet, como o do Centro de Produções Técnicas (CPT) ou o da Organização das Nações Unidas para Agricultura e Alimentação (FAO).

71

Glossário

Aqui você vai encontrar o significado das palavras destacadas no texto.

Vamos falar sobre...

Nesta seção você conversará com os colegas sobre atitudes e valores importantes para a sua formação como cidadão.

Troca de ideias

Nesta seção serão propostas perguntas para você refletir com os colegas, levando em consideração sua vivência, seu conhecimento e sua opinião sobre alguns dos temas estudados.

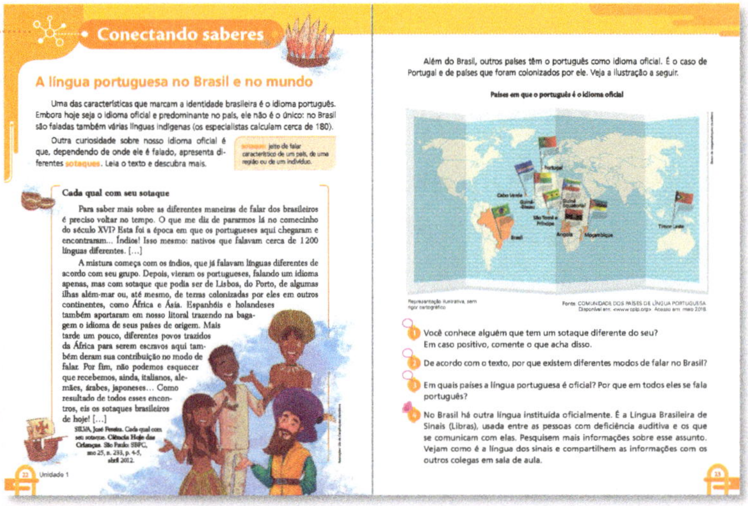

Conectando saberes

A língua portuguesa no Brasil e no mundo

Uma das características que marcam a identidade brasileira é o idioma português. Embora hoje seja o idioma oficial e predominante no país, ele não é o único: no Brasil são faladas também várias línguas indígenas (os especialistas calculam cerca de 180).

Outra curiosidade sobre nosso idioma oficial é que, dependendo de onde ele é falado, apresenta diferentes sotaques. Leia o texto e descubra mais.

sotaque: jeito de falar característico de um país, de uma região ou de um indivíduo.

Cada qual com seu sotaque

Para saber mais sobre as diferentes maneiras de falar dos brasileiros é preciso voltar no tempo. O que me diz de paramos lá no comecinho do século XVI? Esta foi a época em que os portugueses aqui chegaram e encontraram... Índios! Isso mesmo: nativos que falavam cerca de 1 200 línguas diferentes. [...]

A mistura começa com os índios, que já falavam línguas diferentes de acordo com seu grupo. Depois, vieram os portugueses, falando um idioma apenas, mas com sotaque que podia ser de Lisboa, do Porto, de algumas ilhas além-mar ou, até mesmo, de terras colonizadas por eles em outros continentes, como África e Ásia. Espanhóis e holandeses também aportaram em nosso litoral trazendo na bagagem o idioma de seus países de origem. Mais tarde um pouco, diferentes povos trazidos da África para serem escravos aqui também deram sua contribuição no modo de falar. Por fim, não podemos esquecer que recebemos, ainda, italianos, alemães, árabes, japoneses... Como resultado de todos esses encontros, eis os sotaques brasileiros de hoje! [...]

SILVA, José Ferreira. Cada qual com seu sotaque. *Ciência Hoje das Crianças*. São Paulo: SBPC, ano 25, n. 233, p. 4-5, abril 2012.

22 Unidade 1

Além do Brasil, outros países têm o português como idioma oficial. É o caso de Portugal e de países que foram colonizados por ele. Veja a ilustração a seguir.

Países em que o português é o idioma oficial

Representação ilustrativa, sem rigor cartográfico

Fonte: COMUNIDADE DOS PAÍSES DE LÍNGUA PORTUGUESA. Disponível em: <www.cplp.org>. Acesso em: maio 2018.

1. Você conhece alguém que tem um sotaque diferente do seu? Em caso positivo, comente o que acha disso.
2. De acordo com o texto, por que existem diferentes modos de falar no Brasil?
3. Em quais países a língua portuguesa é oficial? Por que em todos eles se fala português?
4. No Brasil há outra língua instituída oficialmente. É a Língua Brasileira de Sinais (Libras), usada entre as pessoas com deficiência auditiva e os que se comunicam com elas. Pesquisem mais informações sobre esse assunto. Vejam como é a língua dos sinais e compartilhem as informações com os outros colegas em sala de aula.

23

Conectando saberes

Nesta seção você relacionará um tema importante da unidade a outras áreas do conhecimento e a noções de cidadania.

Ampliar horizontes

Nesta seção você ampliará seus conhecimentos sobre alguns dos temas tratados.

Vamos retomar

Nesta seção você encontrará atividades para retomar alguns temas estudados na unidade.

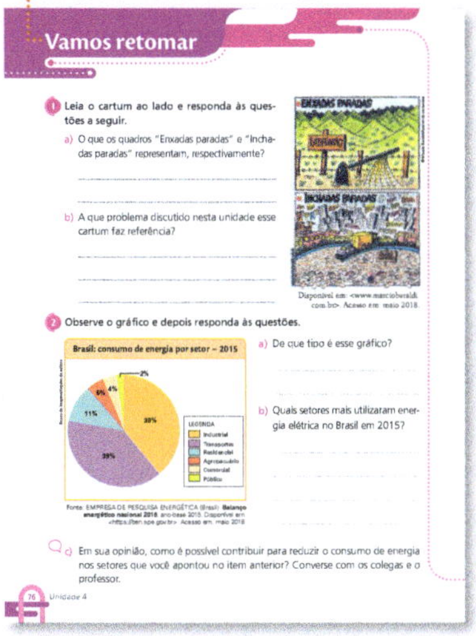

Representar o mundo

Nesta seção serão trabalhados conceitos e habilidades importantes para você aprender a linguagem da Cartografia.

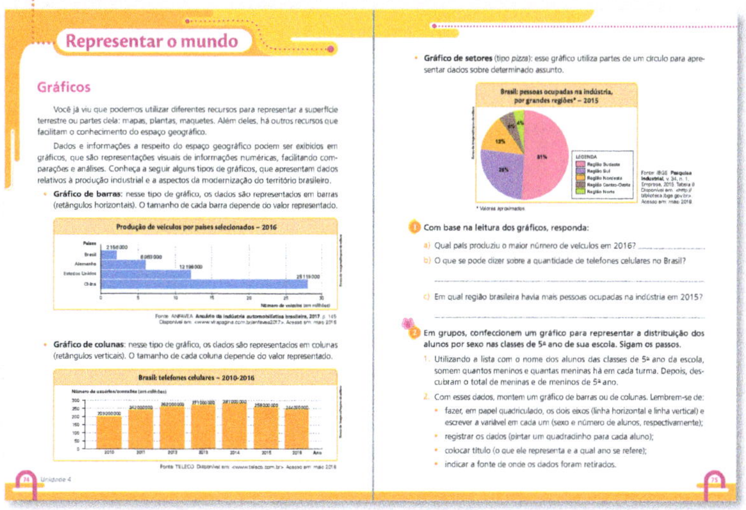

Autoavaliação

Nesta seção você vai verificar o que aprendeu na unidade e refletir sobre o que precisa melhorar.

Sugestões

Nesta seção há indicação de livros, *sites*, filmes e vídeos para você complementar seu estudo.

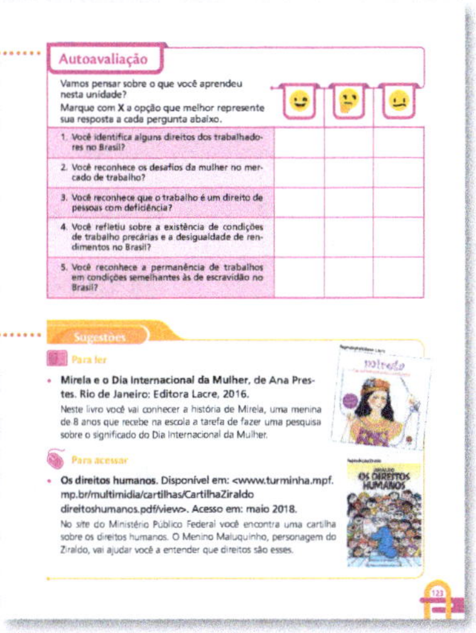

Ícones que indicam como realizar as atividades:

- Oral
- Em dupla
- Em grupo
- No caderno

Sumário

UNIDADE

1 O Brasil

Nesta unidade você vai:

- Reconhecer o significado de país, nação e território.
- Reconhecer que o território de um país é formado historicamente.
- Diferenciar limite e fronteira.
- Reconhecer que o Brasil foi formado por várias nações e diferentes povos.
- Identificar os países sul-americanos que fazem ou não fronteira com o Brasil.
- Reconhecer que o Brasil estabelece relações com outros países do mundo.

1. Descreva a imagem ao lado.
2. Em sua opinião, essa imagem representa o Brasil? Por quê?
3. Para você, que imagem melhor representa o Brasil?

Mosaico de fotografias de brasileiros em uma representação artística do limite territorial do Brasil.

Ubirajara Machado/Olhar Imagem

Fotografias de: Filipe Frazao/Shutterstock; Mario Friedlander/Pulsar Imagens; Gustavo Frazao/Shutterstock; Costa Fernandes/Shutterstock; Paulo Vilela/Shutterstock; Filipe Frazao/Shutterstock; Pedarilhos/Shutterstock; Filipe Frazao/Shutterstock; Andre Nery/Shutterstock; Andre Luiz Moreira/Shutterstock; G. Evangelista/Opção Brasil Imagens; Filipe Frazao/Shutterstock; Filipe Frazao/Shutterstock; Nkt UsrBr/Shutterstock; Filipe Frazao/Shutterstock; MesquitaFMS/Shutterstock; Vergani Fotografia/Shutterstock; Rodrigo Rodrigues Castro/Shutterstock; Filipe Frazao/Shutterstock; Luz Rosa/Shutterstock; Hyago Teixeira/Shutterstock; Filipe Frazao/Shutterstock.

País, nação e território

No mosaico de fotografias da abertura da unidade, você observou uma maneira de representar o Brasil, nosso país. Mas qual é o significado de país? O que significa ser brasileiro?

País é um território definido por limites, com uma população e um governo próprio (que, junto com outras instituições, compõe o Estado). Embora as pessoas que vivem em um país possam ter diferentes origens, de modo geral, elas estão submetidas ao poder do Estado, que tem autoridade sobre o território.

Um país pode ser formado por uma nação ou por várias nações. A **nação** é composta de um grupo de pessoas que, em geral, compartilham os mesmos costumes, a mesma língua, crenças, tradições, entre outros. Toda nação tem uma identidade, marcada por um conjunto de símbolos, sentimentos e uma história comum. A bandeira, por exemplo, é um símbolo de uma nação.

Juan Villa/Opção Brasil Imagens

Torcida brasileira na Copa do Mundo de Futebol, no município de Porto Alegre (RS), em 2014.

O Brasil possui um amplo território, se comparado ao território de outros países, e apresenta uma grande diversidade de paisagens. Essas paisagens são formadas pela combinação de diferentes elementos naturais e culturais.

Observe nas fotografias abaixo a variedade de paisagens do território brasileiro.

Andre Dib/Pulsar Imagens

Galpões no distrito industrial do município de Boa Vista (RR), em 2014.

Andre Dib/Pulsar Imagens

Parque Nacional da Serra da Canastra, no município de Delfinópolis (MG), em 2016.

Daniel Cymbalista/Pulsar Imagens

Vista da cidade de Curitiba (PR), em 2016.

Delfim Martins/Pulsar Imagens

Colheita de arroz no município de Cabrobó (PE), em 2016.

1 **O que você observa em cada fotografia desta página? Quais elementos naturais e culturais você identifica em cada paisagem?**

2 **Recortem de jornais e revistas ou pesquisem na internet fotografias de outras paisagens brasileiras, diferentes das apresentadas acima, e montem um painel com elas. Lembrem-se de elaborar uma legenda para cada uma, indicando o local retratado.**

O território brasileiro

O Brasil possui um território com cerca de 8 515 759 quilômetros quadrados, e está dividido em 27 Unidades da Federação (UF): 26 estados e o Distrito Federal. Observe o mapa.

Brasil: divisão política atual

Fonte: IBGE. **Atlas geográfico escolar**. 7. ed. Rio de Janeiro, 2016. p. 90.

1 Qual é a capital do Brasil? Como você descobriu isso?

....

2 Qual é o nome da Unidade da Federação em que você vive? Qual é a capital dela?

....

Ampliar horizontes

A formação do território brasileiro

O território brasileiro nem sempre apresentou os limites e as paisagens atuais. Assim como os de outros países, os limites foram estabelecidos ao longo do tempo, por meio de conflitos, guerras, conquistas e acordos. Ao mesmo tempo, muitas paisagens naturais foram transformadas em paisagens culturais, e estas também sofreram alterações.

O primeiro limite do que hoje conhecemos como Brasil foi estabelecido em 1494, com o Tratado de Tordesilhas, que dividiu as terras da América entre Portugal e Espanha. As terras pertencentes a Portugal foram divididas em capitanias hereditárias. Ao longo do tempo, a ocupação portuguesa avançou para o interior do continente, ultrapassando os limites da linha de Tordesilhas, que deixou de existir.

Com o tempo, o território foi dividido em províncias e depois em estados. Os limites atuais do território brasileiro foram estabelecidos apenas no início do século XX. Observe os mapas desta página e da seguinte.

1 Tratado de Tordesilhas e capitanias hereditárias – século XVI

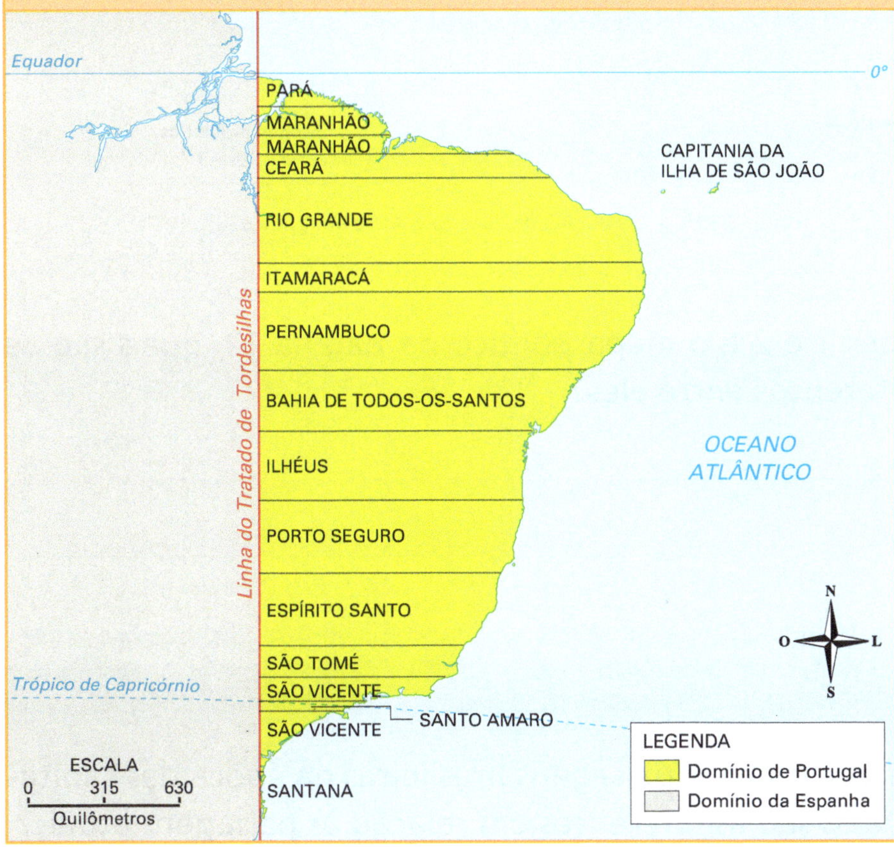

Banco de imagens/Arquivo da editora

Fontes: VICENTINO, Cláudio. **Atlas histórico geral e Brasil**. São Paulo: Scipione, 2011. p. 100; GIRARDI, Gisele; ROSA, Jussara V. **Atlas geográfico**. São Paulo: FTD, 2016. p. 44.

2 **Brasil – 1889**

Fonte: GIRARDI, Gisele; ROSA, Jussara V. **Atlas geográfico**. São Paulo: FTD, 2016. p. 45.

1 Observando os mapas 1 e 2 e o mapa político da página 12, quais são as semelhanças e as diferenças entre eles?

....

....

....

....

2 Como você imagina que eram as paisagens brasileiras na época das capitanias hereditárias? Quais são as diferenças em relação às paisagens atuais?

A diversidade na nação brasileira

Vimos anteriormente o que é uma nação. As características que unem as pessoas que formam uma nação são construídas ao longo do tempo, sendo, portanto, resultado de uma história.

Leia

Histórias da nossa gente

Acesse

Vamos conhecer o Brasil?

O povo brasileiro formou-se da mistura de povos: indígenas (de diferentes povos) que já viviam aqui antes da chegada do colonizador português; europeus (inicialmente os portugueses); e africanos (de nações variadas), trazidos à força como escravos. Posteriormente, vários outros povos se misturaram a esses, como italianos, alemães, japoneses e árabes. Outros portugueses vieram depois, como imigrantes.

Por isso, podemos dizer que o Brasil é um país que foi formado por várias nações, por vários povos, o que gerou uma grande diversidade cultural, expressa nas festas, na culinária e em outros costumes. Observe as fotografias desta página e da seguinte.

Renato Soares/Pulsar Imagens

Indígenas do povo Pankararu, na Terra Indígena Pankararu, no município de Tacaratu (PE), durante o Toré, ritual de passagem celebrado com personagens vestidos com palhas de ouricuri, um tipo de palmeira. Fotografia de 2014.

Lineu Kohatsu/Olhar Imagem

Festa Marujada na comunidade quilombola Mangal Barro Vermelho, no município de Sítio do Mato (BA). Trata-se de uma festa em homenagem às Nossas Senhoras do Rosário e da Conceição. Fotografia de 2015.

Cesar Diniz/Pulsar Imagens

Festa junina no município de São Luiz do Paraitinga (SP), em 2014. Essa festa tem influência do catolicismo, trazido pelos portugueses. Nela são feitas homenagens a santos como São Pedro e São João.

Alexandre Tokitaka/Pulsar Imagens

Festival das Estrelas, festa japonesa na cidade de São Paulo (SP), em 2016. A festa relembra uma lenda segundo a qual uma princesa e um pastor são transformados em estrelas, simbolizadas pelos enfeites coloridos das ruas.

Os primeiros habitantes do território brasileiro

Estima-se que existiam entre 2 milhões e 4 milhões de indígenas no território que atualmente é o Brasil, antes da chegada do colonizador. Eles pertenciam a mais de mil povos diferentes. Ao longo do processo de colonização do território, milhões de indígenas foram mortos, o que causou a extinção de vários povos, a perda de suas terras e o desaparecimento de valores culturais e de muitas línguas.

Atualmente, embora em menor número (aproximadamente 900 mil), eles estão presentes em diversas partes do país, tanto no campo (a maior parte) como nas cidades. A maioria (cerca de 600 mil) vive em áreas chamadas **Terras Indígenas**.

Luciola Zvarick/Pulsar Imagens

Festa de celebração da guerra, ritual chamado Jawari, na Aldeia Kalapalo, no Parque Indígena do Xingu, uma Terra Indígena no estado de Mato Grosso (MT). Fotografia de 2016.

Vamos falar sobre...

A valorização da cultura indígena

Conheça no texto a seguir um relato do indígena Daniel Munduruku.

> Todo mundo dizia que o índio é um habitante da selva, da mata, e que se parece muito com os animais. Tinha gente que dizia que o índio é preguiçoso, traiçoeiro, canibal. Eu ouvia isso dos meus colegas de escola [...] Meus amigos faziam questão de colocar-me de lado nas brincadeiras [...]. [...] Foi tão difícil aceitar minha própria condição que eu cheguei a desejar não ter nascido índio...
>
> Foi meu avô quem me ajudou a superar estas dificuldades. Ele me mostrou a beleza de ser o que eu era.
>
> MUNDURUKU, Daniel. **Coisas de índio:** versão infantil. São Paulo: Callis, 2009. p. 6-7.

1. **Quais atitudes relatadas por Daniel Munduruku demonstram preconceito contra os indígenas?**
2. **Em sua opinião, como é possível combater o preconceito contra os indígenas?**

Território e fronteira

Observe o mapa abaixo atentamente.

América do Sul: divisão política atual

Fonte: IBGE. **Atlas geográfico escolar**. 7. ed. Rio de Janeiro, 2016. p. 41.

1 O que o mapa acima está representando?

....

....

2 Quantos países pertencem à América do Sul? ....

3 Qual é o maior país em extensão da América do Sul? ....

O mapa da página anterior representa o território de cada país da América do Sul, ou seja, o espaço onde o governo de cada país tem poder para atuar. No território estão presentes as relações entre pessoas, as formas de produzir, os modos de pessoas e mercadorias circularem, as diferentes paisagens, entre outros aspectos.

O território de um país é formado ao longo do tempo, à medida que os grupos humanos vão ocupando e se apropriando do espaço. Isso significa que a extensão do território de um país pode mudar. Os motivos podem ser um conflito entre povos ou um acordo entre países para definir seus limites, por exemplo.

Você já sabe que a linha divisória entre os países chama-se **limite**. Observe agora a fotografia ao lado, que retrata a Ponte da Amizade.

A Ponte da Amizade liga a cidade brasileira de Foz do Iguaçu, no estado do Paraná, a Ciudad del Este, cidade do Paraguai. A área próxima ao limite entre os países é chamada **fronteira**.

Ernesto Reghran/Pulsar Imagens

Ponte da Amizade, sobre o rio Paraná, que liga dois países: Brasil e Paraguai. Fotografia de 2015.

4 **Que elemento natural da fotografia acima foi utilizado para estabelecer o limite entre o Brasil e o Paraguai?**

....

5 **De acordo com a fotografia e com o que você aprendeu, a fronteira entre o Brasil e o Paraguai pode ser habitada? Por quê?**

....

....

6 **Em sua opinião, a presença da ponte indica uma relação entre o Brasil e o Paraguai? Explique sua resposta.**

....

....

O Brasil no mundo globalizado

No mundo todo, existem cerca de 200 países distribuídos por cinco continentes. Alguns deles fazem limite com o Brasil, como você observou no mapa da América do Sul na página 18. Outros estão distantes, em outros continentes. Apesar disso, o Brasil mantém relações com muitos deles.

Leia
Crianças como você

Conheça a história de Mariana e descubra algumas dessas relações.

Hagaquezart Estúdio/Arquivo da editora

Hagaquezart Estúdio/Arquivo da editora

Mariana gosta muito de brincar com os amigos: de pega-pega, de esconde-esconde, de futebol. Muitas vezes, porém, brinca sozinha com seus brinquedos. Outro dia, descobriu que muitos deles são feitos na China. Sua mãe lhe explicou que, em geral, o preço desses produtos é menor do que o dos produtos feitos no Brasil.

Hagaquezart Estúdio/Arquivo da editora

As situações na vida de Mariana estão relacionadas à **globalização**. Podemos chamar de globalização o processo de maior relacionamento e integração entre os países, empresas e pessoas do mundo todo. Atualmente, é intensa a circulação de pessoas, de informações e de produtos entre os países. Mas isso só é possível por causa do desenvolvimento dos meios de transporte e dos meios de comunicação, principalmente da internet.

Além das pessoas, as empresas também podem se integrar com diferentes partes do planeta. As grandes empresas possuem escritórios e fábricas espalhados em diversos países. Seus produtos podem ser fabricados e consumidos em países de todo o mundo. Músicas, filmes e diversas outras mercadorias são lançados e vendidos em muitos países praticamente ao mesmo tempo.

1 **Localize no mapa-múndi político da página 150 o país onde Mariana mora e os países que aparecem na história.**

2 **Mariana mantém contato com uma pessoa que vive em outro país. Ela consome produtos fabricados em outro país, mesmo sem sair do Brasil. Como isso é possível?**

3 **Você mantém alguma relação com pessoas de outros países do mundo? Como? Converse com os colegas e o professor.**

A língua portuguesa no Brasil e no mundo

Uma das características que marcam a identidade brasileira é o idioma português. Embora hoje seja o idioma oficial e predominante no país, ele não é o único: no Brasil são faladas também várias línguas indígenas (os especialistas calculam cerca de 180).

Outra curiosidade sobre nosso idioma oficial é que, dependendo de onde ele é falado, apresenta diferentes **sotaques**. Leia o texto e descubra mais.

sotaque: jeito de falar característico de um país, de uma região ou de um indivíduo.

Cada qual com seu sotaque

Para saber mais sobre as diferentes maneiras de falar dos brasileiros é preciso voltar no tempo. O que me diz de pararmos lá no comecinho do século XVI? Esta foi a época em que os portugueses aqui chegaram e encontraram... Índios! Isso mesmo: nativos que falavam cerca de 1 200 línguas diferentes. [...]

A mistura começa com os índios, que já falavam línguas diferentes de acordo com seu grupo. Depois, vieram os portugueses, falando um idioma apenas, mas com sotaque que podia ser de Lisboa, do Porto, de algumas ilhas além-mar ou, até mesmo, de terras colonizadas por eles em outros continentes, como África e Ásia. Espanhóis e holandeses também aportaram em nosso litoral trazendo na bagagem o idioma de seus países de origem. Mais tarde um pouco, diferentes povos trazidos da África para serem escravos aqui também deram sua contribuição no modo de falar. Por fim, não podemos esquecer que recebemos, ainda, italianos, alemães, árabes, japoneses... Como resultado de todos esses encontros, eis os sotaques brasileiros de hoje! [...]

SILVA, José Pereira. Cada qual com seu sotaque. **Ciência Hoje das Crianças**. São Paulo: SBPC, ano 25, n. 233, p. 4-5, abril 2012.

Ilustrações: Giz de Cera/Arquivo da editora

Além do Brasil, outros países têm o português como idioma oficial. É o caso de Portugal e de países que foram colonizados por ele. Veja a ilustração a seguir.

Países em que o português é o idioma oficial

Representação ilustrativa, sem rigor cartográfico.

Fonte: COMUNIDADE DOS PAÍSES DE LÍNGUA PORTUGUESA. Disponível em: <www.cplp.org>. Acesso em: maio 2018.

1. Você conhece alguém que tem um sotaque diferente do seu? Em caso positivo, comente o que acha disso.

2. De acordo com o texto, por que existem diferentes modos de falar no Brasil?

3. Em quais países a língua portuguesa é oficial? Por que em todos eles se fala português?

4. No Brasil há outra língua instituída oficialmente. É a Língua Brasileira de Sinais (Libras), usada entre as pessoas com deficiência auditiva e os que se comunicam com elas. Pesquisem mais informações sobre esse assunto. Vejam como é a língua dos sinais e compartilhem as informações com os outros colegas em sala de aula.

Vamos retomar

1 De acordo com o que você estudou, explique o que é país.

....

....

....

2 Nos espaços em branco do mapa a seguir escreva:

a) em vermelho o nome dos países com os quais o Brasil faz fronteira;

b) em azul o nome dos países que não fazem fronteira com o Brasil.

América do Sul: divisão política atual

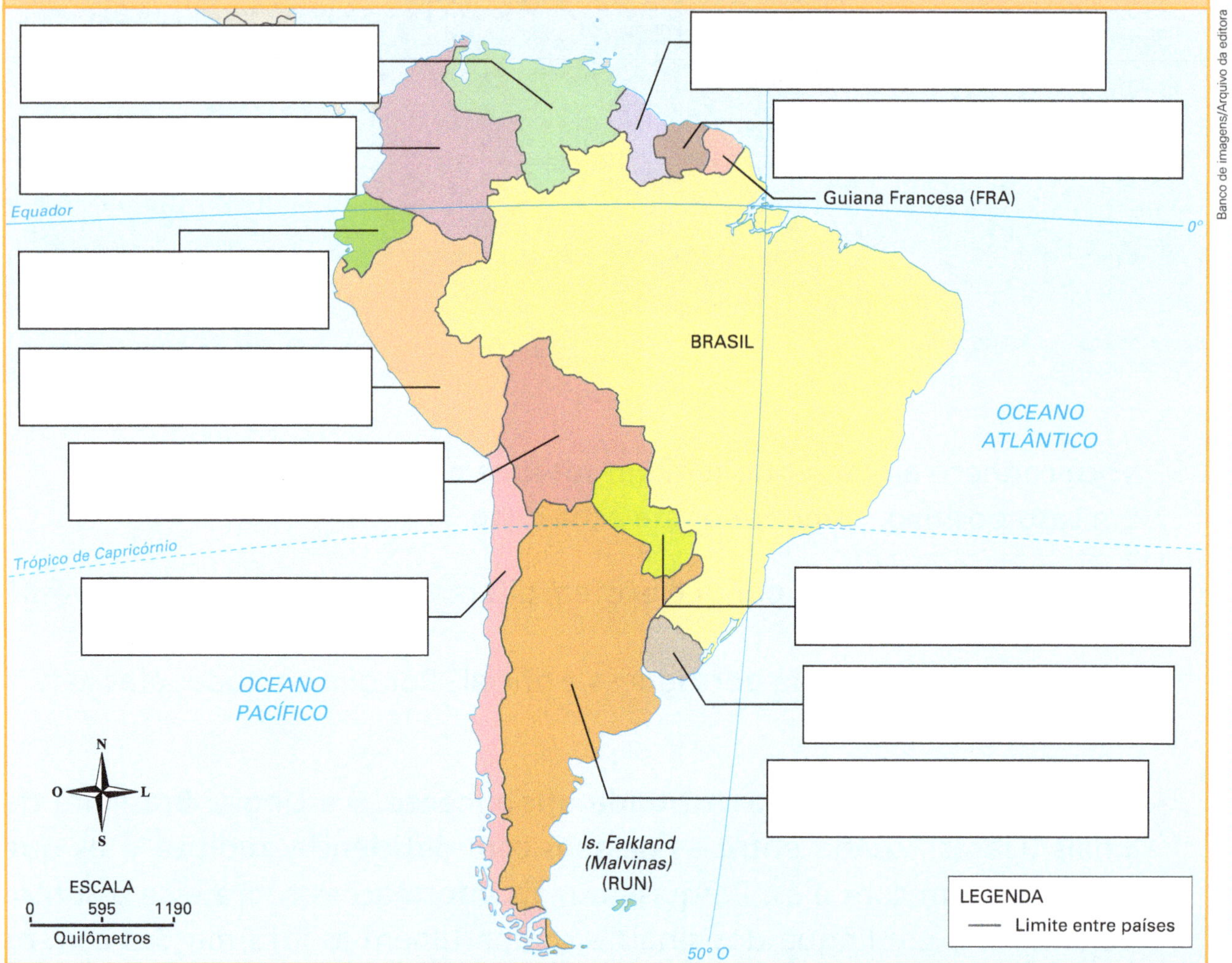

Fonte: IBGE. **Atlas geográfico escolar**. 7. ed. Rio de Janeiro, 2016. p. 41.

Autoavaliação

Vamos pensar sobre o que você aprendeu nesta unidade?

Marque com **X** a opção que melhor represente sua resposta a cada pergunta abaixo.

1. Você reconhece o significado de país, nação e território?			
2. Você reconhece que o território de um país é formado historicamente?			
3. Você sabe diferenciar limite e fronteira?			
4. Você reconhece que o Brasil foi formado por várias nações e vários povos?			
5. Você consegue identificar os países que fazem fronteira com o Brasil?			
6. Você reconhece que o Brasil estabelece relações com outros países do mundo?			

Sugestões

Para ler

- **Crianças como você**, de Barnabas Kindersley e Anabel Kindersley. São Paulo: Ática, 2009.

  Com este livro, você vai fazer uma viagem pelo mundo, conhecendo a cultura e o modo de vida de crianças de diferentes países. Assim, vai perceber muitas diferenças entre você e elas, mas também muitas coisas em comum.

Editora Ática/Arquivo da editora

- **Histórias da nossa gente**, de Sandra Lane. Belo Horizonte: Mazza, 2010.

  As histórias deste livro nos ajudam a compreender melhor a contribuição de indígenas, africanos e europeus na formação do Brasil e de sua gente.

Reprodução/Mazza

Para acessar

- **Vamos conhecer o Brasil?** Disponível em: <http://educa.ibge.gov.br/criancas/brasil.html>. Acesso em: maio 2018.

  Neste *site* você pode aprender um pouco mais sobre o território brasileiro e as características de sua população.

UNIDADE

2 Governo brasileiro e divisão regional

Nesta unidade você vai:

- Identificar as esferas de atuação do governo federal brasileiro.
- Discutir sobre a atuação de órgãos públicos e a importância da participação popular na política.
- Reconhecer algumas divisões regionais do Brasil.
- Identificar as principais características dos complexos regionais brasileiros.
- Reconhecer técnicas cartográficas.
- Analisar transformações em paisagens de cidades por meio de imagens de satélite.

1. Onde se localiza Brasília e qual é sua importância para o Brasil?
2. Você sabe por que o local retratado na fotografia ao lado se chama Praça dos Três Poderes?
3. Você já viu uma representação do território do Brasil como a apresentada na página ao lado? Por que você acha que os estados foram agrupados em cores nesta representação?
4. Identifique na representação a Unidade da Federação em que você mora. Quais Unidades da Federação estão com a mesma cor dela?

Vista de Brasília (DF), sede do governo federal, com destaque para a Praça dos Três Poderes. Fotografia de 2014.

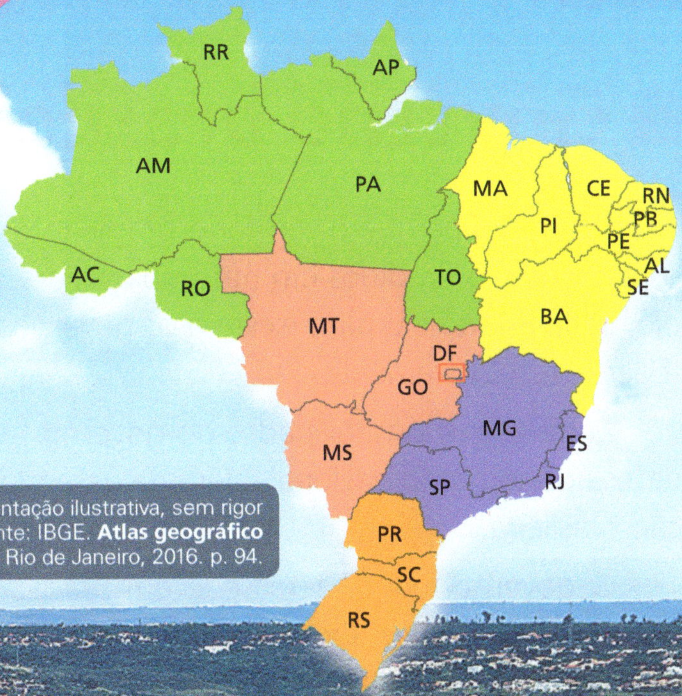

Banco de imagens/Arquivo da editora

Representação ilustrativa, sem rigor cartográfico. Fonte: IBGE. **Atlas geográfico escolar**. 7. ed. Rio de Janeiro, 2016. p. 94.

Cassio Vasconcelos/Fotografias Aéreas

Governo brasileiro

Você já sabe que o território brasileiro é dividido em estados e os estados são divididos em municípios. Para governar cada município, cada estado e o país, existem os governos municipal, estadual e federal, respectivamente.

Acesse
Criança cidadã

Entre as responsabilidades do governo federal brasileiro estão a organização e a defesa do território nacional, além da garantia dos direitos e do bem-estar da população brasileira.

O governo federal tem sede em Brasília (Distrito Federal) e é dividido entre os poderes **Legislativo**, **Executivo** e **Judiciário**. O Poder Legislativo é responsável pela elaboração e aprovação das leis. Os representantes do Poder Executivo colocam as leis em prática, executando o que é determinado por elas. O Poder Judiciário é responsável pela fiscalização do cumprimento das leis.

De acordo com a atual Constituição Federal do Brasil, de 1988, os representantes do Poder Executivo (presidente da República, governadores, prefeitos e seus vices) e do Poder Legislativo (senadores, deputados federais e estaduais e vereadores) devem ser eleitos pelo **voto direto**, ou seja, pelo voto da população. Já os auxiliares desses poderes (como ministros e secretários) e os representantes do Poder Judiciário são eleitos pelo voto indireto, ou seja, pelos governantes escolhidos pela população.

Observe no quadro os representantes dos três poderes em cada esfera de governo.

Esfera de governo / Poder	Federal	Estadual	Municipal
Legislativo	Senadores e deputados federais	Deputados estaduais	Vereadores
Executivo	Presidente da República e vice-presidente Ministros (auxiliam o presidente)	Governador e vice-governador Secretários estaduais (auxiliam o governador)	Prefeito e vice-prefeito Secretários (auxiliam o prefeito)
Judiciário	Juízes do Supremo Tribunal Federal	Juízes dos Tribunais do estado	—

O voto é um direito e um dever do cidadão. Atualmente, ele é obrigatório para todos os brasileiros alfabetizados que tenham entre 18 e 69 anos de idade. Mas nem sempre foi assim. As mulheres conseguiram o direito ao voto, por exemplo, só em 1932, após muita luta. Apenas em 1946 o voto feminino passou a ser obrigatório, assim como o dos homens.

1 **Em sua opinião, qual é a importância de a população eleger os representantes do governo?**

....

....

2 **Faça uma pesquisa para saber:**

a) O nome do atual presidente da República e do vice-presidente.

....

....

b) Quando foram eleitos e quando termina o mandato.

....

....

c) Na avaliação dos adultos que moram com você, esse presidente está fazendo um bom governo? Por quê?

....

....

....

Troca de ideias

- Ao eleger representantes para ocuparem cargos nos governos federal, estadual e municipal, as pessoas exercem sua cidadania. Espera-se, então, que os eleitos promovam melhorias nos serviços de saúde, educação e transporte, entre outros, ou seja, que atuem em prol da qualidade de vida da população. Mas será que isso sempre ocorre? O que fazer se isso não acontece?

Quando uma pessoa percebe que o representante do governo em quem ela votou não está cumprindo o que prometeu na campanha ou que está envolvido em **corrupção**, o mais provável é que ela não torne a votar nele.

corrupção: uso do poder ou da autoridade para obter vantagens ou uso do dinheiro público para satisfazer interesses pessoais.

Outra forma de zelar pelo bem-estar de todos é encaminhar solicitações e reclamações aos representantes que atuam no poder público. Nos municípios, elas podem ser feitas por meio dos **Conselhos Municipais**, formados por cidadãos que não ocupam cargos públicos e também por membros do poder público. Qualquer pessoa pode participar das reuniões desses conselhos. Existem diversos tipos, como o Conselho de Saúde, o de Educação, o do Meio Ambiente, entre outros, cada um acompanhando questões de suas áreas. Observe a fotografia.

Reprodução/Prefeitura Municipal de Cocalzinho de Goiás/GO

Reunião do Conselho Municipal do Meio Ambiente do município de Cocalzinho de Goiás (GO), em 2014.

As pessoas podem também fazer reclamações ou consultas diretamente aos **órgãos públicos**, como as diversas **secretarias de governo estaduais** ou **municipais**, pela internet, por carta ou por telefone. Assim como os Conselhos Municipais, existem diferentes tipos de secretarias: a Secretaria de Habitação, a Secretaria dos Transportes, entre outras.

O **Ministério Público** – **Federal** ou **Estadual** – é outro órgão que pode ser um canal de participação popular na esfera de governo. Ele não pertence a nenhum dos três poderes (Legislativo, Executivo e Judiciário) e um de seus papéis é defender os interesses da sociedade e das pessoas.

3 Leia os quadrinhos abaixo sobre o trabalho do Ministério Público e responda à questão a seguir.

SOUSA, Mauricio de. **Turma da Mônica e o Ministério Público**. p. 9. Disponível em: <http://turmadamonica.uol.com.br>. Acesso em: maio 2018.

- Quais interesses da população o promotor de justiça está defendendo?

Vamos falar sobre...

A participação política além do voto

Pesquise uma ação de algum órgão do poder público municipal, estadual ou federal, realizada no lugar em que você vive, como a construção de moradias populares, parques, postos de saúde, hospitais, avenidas, viadutos; melhorias no transporte, no sistema de saúde ou na educação; formação de uma unidade de conservação ambiental ou algo relacionado à questão ambiental.

- **Quais benefícios essa ação trouxe para a população?**

Divisão regional do Brasil

As grandes regiões brasileiras

Leia

Tudo é Brasil

Para facilitar o estudo e a organização das informações sobre o Brasil, o Instituto Brasileiro de Geografia e Estatística (IBGE) dividiu o território brasileiro em cinco **regiões**. Cada região agrupa estados que possuem características naturais, históricas, culturais, sociais e econômicas semelhantes, que a diferenciam das demais. Essa divisão proposta pelo IBGE é a regionalização oficial do Brasil. Observe o mapa.

Brasil: grandes regiões, segundo o IBGE

Banco de imagens/Arquivo da editora

Fonte: IBGE. **Atlas geográfico escolar**. 7. ed. Rio de Janeiro, 2016. p. 94.

1 Com base no mapa da página anterior, responda às questões.

a) O que representam as diferentes cores do mapa?

....

b) Em quantas regiões o Brasil está dividido? Quais são elas?

....

c) Como foram estabelecidos os limites de cada região?

....

d) Em sua opinião, o nome de cada região foi definido com base em quê?

2 Nos quadros a seguir, liste as Unidades da Federação brasileira em ordem alfabética. Depois, ao lado de cada uma, escreva a região à qual pertence.

Unidade da Federação	Região	Unidade da Federação	Região
Acre	Norte		

3 Em qual região fica a Unidade da Federação onde você mora?

....

Os complexos regionais brasileiros

Existem outras propostas de regionalização do Brasil além da divisão oficial do IBGE. Observe uma delas no mapa a seguir. Nessa proposta as regiões são chamadas de complexos regionais ou regiões geoeconômicas.

Brasil: complexos regionais

Fonte: GEIGER, Pedro P. Organização regional do Brasil. **Revista Geográfica**. Rio de Janeiro, n. 61, jul./dez. 1964. p. 51. In: MAGAGNO, Angélica. **Revista Brasileira de Geografia**, Rio de Janeiro, v. 57, n. 4, out./dez. 1995. p. 77.

4 Compare o mapa acima com o da página 32. As divisões regionais apresentadas são parecidas? O que você observa de diferente ou de semelhante entre elas?

O mapa acima mostra a regionalização do Brasil elaborada pelo geógrafo Pedro Geiger, que leva em conta a formação histórico-econômica do Brasil e a modernização do seu território, que você conhecerá neste volume. Observe que, em grande parte, os limites das regiões não seguem os limites dos estados. Elas foram definidas de acordo com características naturais, sociais e econômicas comuns. Assim, um estado pode ter parte de seu território em um complexo regional e parte em outro.

Conheça nas páginas seguintes algumas das principais características dos complexos regionais brasileiros.

Nordeste

As terras que formam atualmente o complexo regional do Nordeste foram as primeiras a serem colonizadas pelos portugueses, com a formação dos engenhos de cana-de-açúcar no século XVI. Tempos depois, com o desenvolvimento da atividade mineradora no Centro-Sul (principalmente no atual estado de Minas Gerais), nos séculos XVII e XVIII, e do cultivo do café (no Rio de Janeiro e em São Paulo), nos séculos XIX e XX, a região perdeu importância política e econômica.

Atualmente o Nordeste possui cerca de 57 milhões de habitantes, a maioria está concentrada próximo do litoral, onde estão as principais cidades.

Hans Von Manteuffel/Pulsar Imagens

Vista aérea de trecho litorâneo do município do Recife (PE), em 2015.

No interior, onde o clima é semiárido, ocorrem períodos prolongados de seca, com consequências negativas para as atividades econômicas e para a população. No decorrer da História, principalmente no século XX, os problemas resultantes da seca – miséria e fome – foram motivo da migração de muitos nordestinos para outras regiões do país. A pobreza no interior também é consequência da concentração de riquezas e da falta de políticas públicas para atender à população.

É uma região que apresenta fortes desigualdades socioeconômicas e graves problemas sociais. A partir da segunda metade do século XX, desenvolveram-se muitas indústrias próximo dos grandes centros e diversos polos de agricultura irrigada no interior. O turismo também passou a ser uma atividade econômica importante. Essas atividades possibilitaram o crescimento econômico dessa região. Neste século, políticas governamentais de transferência de renda à população mais pobre resultaram em redução da miséria e da pobreza.

Hans Von Manteuffel/Pulsar Imagens

Fábrica de produtos alimentícios, instalada em 1993 no município de Jaboatão dos Guararapes (PE). Fotografia de 2015.

Centro-Sul

No complexo regional do Centro-Sul, o desenvolvimento inicial mais intenso se deu por causa da extração de ouro, diamantes e pedras preciosas (séculos XVII e XVIII), seguida pela atividade cafeeira (séculos XIX e início do XX). A partir dos anos 1930, a atividade industrial teve crescimento acelerado, sobretudo no município de São Paulo (SP) e nos seus arredores.

A região concentra diversas atividades econômicas (indústrias, agricultura moderna, comércio, serviços) e possui um grande número de universidades e centros de pesquisa.

No Centro-Sul estão as sedes de algumas das mais importantes empresas do país, além das principais rodovias, ferrovias, portos, aeroportos e de uma grande estrutura de telecomunicações.

Apesar disso, a região apresenta diversos problemas sociais e grandes desigualdades sociais e econômicas.

O Centro-Sul é a região mais urbanizada do país e sua população ultrapassa os 131 milhões de habitantes. São Paulo (SP) e Rio de Janeiro (RJ) estão entre as cidades mais importantes, ao lado de outras grandes capitais, como Belo Horizonte (MG), Curitiba (PR), Goiânia (GO) e Porto Alegre (RS), além da capital do Brasil, Brasília (DF). Outras cidades merecem destaque: Campinas, Sorocaba, Ribeirão Preto, Santos e São José dos Campos (SP); Uberlândia, Juiz de Fora e Montes Claros (MG); Londrina e Maringá (PR); Joinville (SC); e as capitais Vitória (ES), Campo Grande (MS) e Florianópolis (SC).

Ciça Neder/Fotoarena

Vista de favela e prédios no município de Belo Horizonte (MG), em 2014. A desigualdade social está bastante presente no Centro-Sul.

Ronaldo Nina/Tyba

Vista aérea do município de Goiânia (GO), em 2014.

Amazônia

Leia

O nome do filme é Amazônia

Neste complexo regional se destaca a presença da Floresta Amazônica. A exploração de produtos da floresta (castanhas, ervas, baunilha, guaraná, cacau) foi a primeira atividade econômica praticada pelos colonizadores portugueses na Amazônia. Depois, entre o final do século XIX e o início do XX, predominou a atividade de extração do látex, para a fabricação da borracha.

Mas a ocupação mais intensa da Amazônia se deu a partir da segunda metade do século XX, com a construção de grandes rodovias ligando a região ao restante do país e com o estímulo às atividades agropecuária e mineradora. Depois, na década de 1960, o município de Manaus, capital do Amazonas, passou a receber diversas indústrias.

Alfredo Fernandes/Secom/Governo do Estado do Amazonas

Vista aérea de Manaus (AM), com o Teatro Amazonas no centro, em 2015. Inaugurado no século XIX, o teatro expressa a riqueza da cidade durante o período de extração do látex. Hoje, Manaus é o município que concentra a maior produção industrial da Amazônia.

A ocupação da região contribui para aumentar o desmatamento e afeta a vida de indígenas e de povos tradicionais, como os seringueiros e os ribeirinhos.

A derrubada de parte da Floresta Amazônica deve-se principalmente à exploração da madeira e à formação de áreas de agropecuária, mas também à exploração mineral e a formação de reservatórios de água (represas) para a construção de usinas hidrelétricas.

A região conta com uma população de aproximadamente 17 milhões de habitantes, porém é pouco povoada nos imensos trechos recobertos pela Floresta Amazônica. Nela está a maior parte da população indígena brasileira.

Marcos Amend/Pulsar Imagens

Vista de trecho da Floresta Amazônica no município de Caracaraí (RR), em 2016.

A elaboração dos mapas

As representações de locais da Terra fazem parte da história de todos os povos. No século XVIII, os **cartógrafos** já elaboravam mapas cujos contornos eram bem parecidos com os reais.

cartógrafo: profissional que tem o conhecimento de técnicas para a elaboração de plantas e mapas.

No século XIX, a elaboração de mapas evoluiu com a utilização da fotografia aérea, que oferece visão vertical da superfície terrestre e possibilita a produção de plantas e mapas detalhados, com o auxílio de outras técnicas.

A partir do século XX, passou-se a utilizar imagens obtidas por **satélites artificiais**, o que possibilitou a elaboração de mapas cada vez mais detalhados. Observe o mapa e a imagem de satélite.

América do Sul: área territorial

Banco de imagens/Arquivo da editora

Fonte: IBGE. **Atlas geográfico escolar**. 7. ed. Rio de Janeiro, 2016. p. 40.

Universal Images Group/Getty Images

Imagem da América do Sul, produzida a partir de satélite artificial, em 2014.

1 Compare o contorno da América do Sul na imagem de satélite com o do mapa. O que se pode concluir? Converse com os colegas e o professor.

Imagens de satélite

Os satélites artificiais são equipamentos lançados no espaço que giram ao redor da Terra. Existem vários tipos de satélite, com diferentes finalidades. Alguns enviam imagens da superfície terrestre e mostram o desmatamento de áreas com cobertura vegetal original, a ampliação de espaços urbanos de municípios ou a poluição de rios e mares, por exemplo; outros, transmitem dados e imagens sobre as condições do tempo atmosférico; outros, ainda, servem para a comunicação.

Observe as imagens de satélite a seguir. Nelas, a cor vermelha mostra a área urbana do município de Belo Horizonte (MG) no centro, e dos municípios que estão no seu entorno, ou seja, nas suas proximidades, em 1989 e 2007.

Belo Horizonte (MG) e entorno – 1989

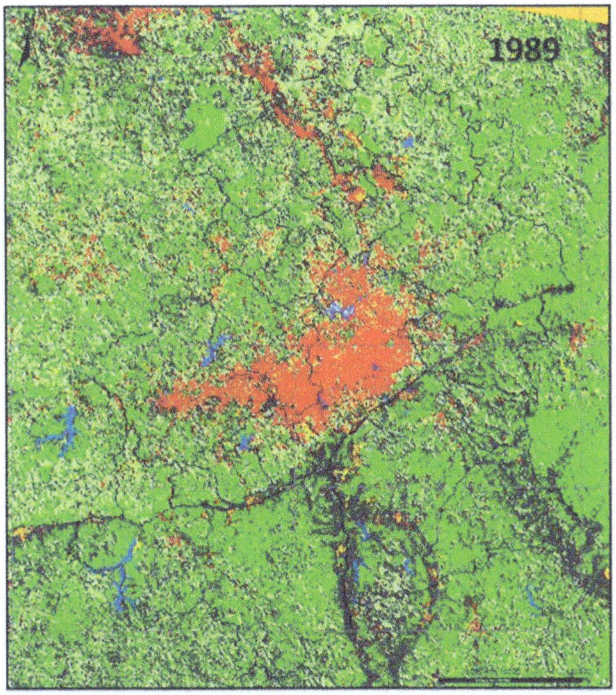

Belo Horizonte (MG) e entorno – 2007

Reprodução/Landsat. Por Alberto Franco Lacerda e Clara Santos

Reprodução/Landsat. Por Alberto Franco Lacerda e Clara Santos

1 Comparando as duas imagens de satélite, houve alguma modificação nas áreas urbanas apresentadas? Explique.

....

....

....

....

Observe e compare as imagens de satélite 1 e 2 abaixo. Elas são do município de Ipojuca (PE) em 2006 e em 2017, respectivamente.

Imagem de satélite de parte dos espaços urbano e rural do município de Ipojuca (PE), em 2006.

Imagem de satélite de parte dos espaços urbano e rural do município de Ipojuca (PE), em 2017.

2 Quais são as diferenças e as semelhanças que você observa comparando as imagens de satélite 1 e 2? Converse com os colegas e o professor.

Agora, compare a imagem de satélite 2 e o mapa a seguir.

Elaborado pelos autores com base em imagem de satélite.

3 Quais são as semelhanças entre o mapa acima e a imagem de satélite 2?

....

4 No mapa, como foram representadas:

a) as ruas? ....

b) a vegetação, as plantações e os terrenos sem construção? ....

c) a rodovia? ....

d) os rios e o oceano? ....

5 Que recurso, utilizado em mapas e plantas, foi empregado nesse mapa para a identificação dos elementos?

Vamos retomar

1 Leia a charge ao lado e depois responda às questões.

© Angeli/Acervo do cartunista

ANGELI. **Angeli: 40 anos de Folha**. Disponível em: <http://arte.folha.uol.com.br>. Acesso em: maio 2018.

a) Qual é a situação do menino e do pai mostrada na charge?

b) O que você acha que o menino quis dizer com a pergunta "De que planeta eles são?"?

c) Os governantes têm responsabilidade na melhoria da vida de pessoas que estão nessa situação? Explique.

d) No lugar onde você vive, há pessoas na mesma situação que a mostrada na charge? Cite um órgão público que poderia cuidar desse problema.

Autoavaliação

Vamos pensar sobre o que você aprendeu nesta unidade?

Marque com **X** a opção que melhor represente sua resposta a cada pergunta abaixo.

1. Você consegue identificar as esferas de atuação do governo federal?			
2. Você consegue discutir sobre a atuação de órgãos públicos e a importância da participação popular na política?			
3. Você reconhece algumas divisões regionais do Brasil e sua importância?			
4. Você sabe identificar as principais características dos complexos regionais brasileiros?			
5. Você reconhece técnicas cartográficas?			
6. Você consegue analisar transformações em paisagens de cidades por meio de imagens de satélite?			

Sugestões

Para ler

Reprodução/Dimensão

- **O nome do filme é Amazônia**, de Paulinho Assunção. Belo Horizonte: Dimensão, 2009.

  Luz, câmera, ação! Uma turma tem a ideia de fazer um filme sobre a Amazônia e aprende muito sobre a região.

Reprodução/Evoluir

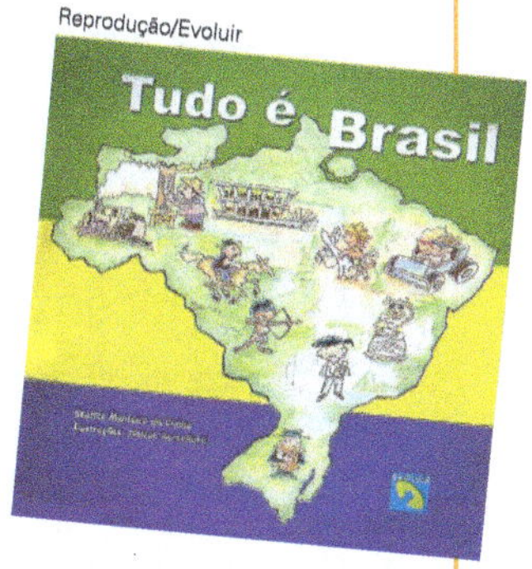

- **Tudo é Brasil**, de Beatriz Monteiro da Cunha. São Paulo: Evoluir, 2002.

  O livro passeia pelas diversas regiões do país e mostra a rica cultura do nosso povo, por meio de lendas, músicas, poesia, folclore e artesanato, valorizando o jeito brasileiro de ser.

Para acessar

- **Criança cidadã**. Disponível em: <www.portalzinho.cgu.gov.br>. Acesso em: maio 2018.

  Neste *site*, o portalzinho da Controladoria Geral da União disponibiliza jogos, quadrinhos e histórias sobre como se pode exercer a cidadania.

3 Tecnologia e espaço geográfico

Nesta unidade você vai:

- Relacionar tecnologia e transformações das paisagens.
- Relacionar tecnologia e transformações das atividades econômicas.
- Identificar e comparar transformações dos meios de transporte e de comunicação.
- Reconhecer os diferentes usos da tecnologia.
- Reconhecer que nem todos têm acesso às novas tecnologias.
- Relacionar tecnologia e consumo.
- Identificar problemas decorrentes do aumento do lixo eletrônico.

1. O que você observa em cada fotografia?

2. Em sua opinião, como a sociedade consegue produzir os equipamentos e realizar as transformações nas paisagens mostradas em cada uma das fotografias?

3. Cite os aspectos positivos e os aspectos negativos decorrentes da utilização ou da presença dos equipamentos produzidos pelos seres humanos que foram retratados nas fotografias ao lado.

4. Considerando o município onde você vive, cite exemplos de equipamentos e de transformações ocorridas na paisagem, semelhantes aos apresentados nas fotografias ao lado.

Caixas de supermercado com monitores de computadores e máquinas para pagamento com cartão na cidade de São Paulo (SP), em 2013.

1

Marcos Issa/Bloomberg via Getty Images

Vista da cidade de São Paulo (SP), à noite, com destaque para antenas de rádio, TV e celulares, em 2015.

2

Delfim Martins/Pulsar Imagens

Tecnologia

Observe a fotografia de uma sala de aula.

Eduardo Zappia/Pulsar Imagens

Sala de aula no município de Arapiraca (AL), em 2013.

Você já pensou sobre como todos os objetos presentes em uma sala de aula são feitos? Que atividades econômicas estão envolvidas na fabricação deles? Quem trabalha nesse processo? Como todos esses bens chegam até nós? Vamos refletir sobre isso.

1 Para começar, manuseie e observe este livro de Geografia.

a) Quem escreveu e quem trabalhou na elaboração deste livro?

b) E quem trabalhou para que fossem feitas muitas cópias dele?

c) Quais materiais foram necessários para a produção deste livro? Que atividades foram necessárias para a produção desses materiais?

d) O que foi necessário para que o livro chegasse às suas mãos?

Você notou como é grande a quantidade de pessoas, atividades econômicas e materiais necessários para produzir um livro?

Para fabricar e comercializar um único produto, são necessários matérias-primas, máquinas, energia elétrica, pessoas, veículos para o transporte, entre outros elementos.

Além disso, para a fabricação de produtos é necessário também **conhecimento tecnológico**.

Grande parte das novas tecnologias que possibilitam a criação e o aperfeiçoamento de produtos, materiais e equipamentos para atividades econômicas é resultado do trabalho de pesquisadores de empresas e de universidades. Com os avanços tecnológicos, vão surgindo novos tipos de trabalho, além de modificações na maneira como as atividades são desenvolvidas. A tecnologia é utilizada na indústria, na agricultura, na pecuária, no extrativismo, no comércio e nos serviços. Observe um exemplo nas fotografias a seguir.

Acervo Iconographia/Reminiscências

Funcionários de uma gráfica manuseando suas máquinas na seção de preparação de impressão de jornal, no município de São Paulo (SP), em 1917.

Daniel Castellano/FramePhoto/Agência O Globo

Máquinas rotativas automáticas em gráfica preparadas para impressão de jornal, que requerem apenas alguns funcionários para acompanhamento da impressão, no município de Curitiba (PR), em 2017.

2 Agora, responda.

a) Qual é a atividade econômica retratada nas fotografias? Qual é a finalidade do produto que está sendo elaborado?

....

....

b) Ao observar as fotografias, quais diferenças você identifica no processo de produção do jornal? E quais mudanças ocorreram nos tipos de trabalho envolvidos na elaboração desse produto? Explique.

....

....

....

....

c) Quais outros meios de comunicação oferecem informações às pessoas atualmente? Com eles surgiram novos tipos de trabalho? Explique.

Tecnologia e mudanças no espaço geográfico

Você viu que o conhecimento tecnológico é muito utilizado na produção de bens materiais e nos serviços. Podemos dizer então que a tecnologia interfere no modo de viver das pessoas? Como? De que maneira os conhecimentos tecnológicos contribuem para transformar as paisagens e as atividades econômicas?

Observe as fotografias a seguir.

Autor desconhecido/Acervo particular

Carregamento de açúcar no porto do Recife (PE), no início do século XX. Nessa época o transporte e o carregamento do açúcar nos navios eram feitos por animais e pessoas.

Paulo Fridman/Bloomberg via Getty Images

Carregamento de açúcar no porto de Santos (SP), em 2015. Atualmente, esse produto é levado por caminhões ou trens até os armazéns do porto e, de lá, é encaminhado para os navios, por meio de equipamentos.

1 **Quais diferenças você observa no carregamento do açúcar até os navios nas fotografias 1 e 2?**

....

....

....

Agora, observe estas fotografias.

3

Clayton de Souza/Agência Estado

Utilização de *drone* em plantação de milho no município de São Carlos (SP), em 2014. O *drone* é um equipamento voador, operado por controle remoto, com sistemas de localização, e que pode ser utilizado para diversos fins, como filmagens, reconhecimento das características da superfície e outros. Na agricultura, ele é utilizado para acompanhar o crescimento das plantas, lançar produtos químicos para o controle de pragas, demarcar áreas de plantio, entre outros fins.

4

João Prudente/Pulsar Imagens

Antena parabólica para captação de sinal de TV, no espaço rural do município de Boninal (BA), em 2016. Esse tipo de equipamento possibilita às pessoas do campo acesso a informações veiculadas por canais de TV. Dessa forma, elas têm contato com outros modos de vida, com pessoas do espaço urbano e de outros espaços rurais.

2 **Que modificações as tecnologias mostradas nas fotografias 2, 3 e 4 trouxeram para o modo de vida das pessoas e para as atividades econômicas?**

....

....

....

....

Você já estudou que as paisagens passam por transformações provocadas por fenômenos naturais ou pela ação humana.

Os seres humanos, com o seu trabalho, modificam as paisagens, de acordo com o conhecimento tecnológico que possuem.

Observe as fotografias a seguir.

5

Marcelo Carnaval/Agência O Globo

Vista da Ferrovia do Aço, no município do Rio de Janeiro (RJ), em 2013. Trata-se da maior obra ferroviária do Brasil em trecho de serra, com muitos túneis, viadutos e pontes. Sua principal carga, o minério de ferro, é levada de Minas Gerais até os portos do Rio de Janeiro.

6

Rubens Chaves/Pulsar Imagens

Ponte rodoviária sobre o rio Negro. Essa ponte tem 3 595 metros de comprimento e liga os municípios de Manaus (AM) e Iranduba (AM). Fotografia de 2014.

3 Quais transformações na paisagem, provocadas pelo uso da tecnologia, você observa nas fotografias da página anterior?

4 Considerando o meio de transporte da fotografia 5 e os meios de transporte que circulam pela ponte da fotografia 6, responda às questões abaixo.

a) Qual é a importância do transporte ferroviário e do transporte rodoviário?

b) Cite uma desvantagem de cada um.

5 Além das transformações na paisagem, que mudanças a tecnologia presente nas fotografias 5 e 6 trouxe para a vida das pessoas?

Tecnologia no dia a dia

Os recursos tecnológicos podem trazer uma série de benefícios à sociedade, como pesquisa e produção de medicamentos para o tratamento de doenças; equipamentos médico-hospitalares para exames mais precisos; telefonia e meios de comunicação diversos e mais ágeis; meios de transporte mais rápidos; programas de computador para facilitar a realização de tarefas diversas; caixas eletrônicos nos quais é possível executar operações bancárias; entre outros. Observe dois exemplos nas fotografias a seguir.

Cassandra Cury/Pulsar Imagens

Uso de computador no trabalho no município de Campo Grande (MS), em 2016.

Rogerio Reis/Tyba

Uso de telefone celular em aeroporto no município do Rio de Janeiro (RJ), em 2016.

1 **Além das situações citadas no texto acima e retratadas nas fotografias, em quais outras você identifica a presença da tecnologia no seu dia a dia?**

Troca de ideias

Observe a fotografia.

1. **Qual é a importância desse equipamento para locomoção?**
2. **Quais outros equipamentos facilitam a vida de pessoas com deficiência (visual, auditiva, motora)?**

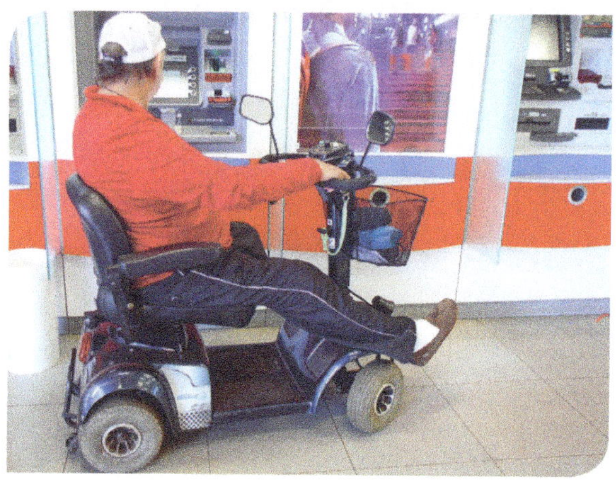

Dirceu Portugal/Fotoarena

Município de Campo Mourão (PR), em 2017.

A tecnologia também permite que muitas tarefas repetitivas sejam realizadas por máquinas, substituindo o trabalho humano. Ao substituir trabalhadores por máquinas, as empresas aumentam a produção e reduzem os gastos com salários. Isso, no entanto, leva ao aumento do desemprego.

Leia

Coisas que você precisa saber!

Mas o uso da tecnologia gera outras oportunidades de trabalho. É o que ocorre, por exemplo, no setor de informática. Com o desenvolvimento desse setor, surgiram novas profissões, como: programadores, técnicos, operários em fábricas de computadores e outros equipamentos de informática, entre várias atividades. Esses trabalhos, porém, exigem maior qualificação das pessoas, que precisam estudar mais para se manterem atualizadas.

Saída de observação: tecnologia

Objetivos: Observar e registrar o uso de tecnologias no bairro da escola.

Planejamento: Combine com os colegas e o professor uma data e o percurso a ser feito.

Durante a saída: Anote tudo o que observar sobre uso de tecnologia durante o percurso. Fique atento a itens como cabos de energia elétrica e telefonia, antenas, letreiros, construções, indústrias, bancos, caixas eletrônicos, entre outros. Observe também as modificações que a tecnologia provocou na paisagem do entorno da escola.

De volta à sala de aula: Converse com os colegas sobre o que observou e ouça o que eles descobriram. O professor anotará tudo na lousa.

Para finalizar: Com base nas anotações que surgiram da observação da turma, converse com os colegas sobre as questões abaixo.

a) Que mudanças na paisagem e na vida das pessoas essas tecnologias provocaram?

b) Essas mudanças foram positivas ou negativas?

c) Quem pode ter sido beneficiado por essas mudanças?

d) Quem pode ter sido prejudicado?

O uso dos computadores

Quando falamos em tecnologia, é comum pensarmos em computadores. O computador é um equipamento utilizado para diversos fins: processa uma enorme quantidade de informação, armazena dados, textos, imagens, sons, faz cálculos complexos, além de possibilitar o compartilhamento de informações, se estiver conectado à internet. O seu desenvolvimento fez surgir novos tipos de trabalho e ele é utilizado em muitas atividades econômicas.

1 **Onde você observa o uso de computadores? Pense no seu dia a dia e no que você lê e vê nos meios de comunicação.**

2 **Com base no que você observou a respeito do uso de computadores no seu dia a dia, o que você pode concluir? Conte aos colegas e ao professor.**

Por tornar prático o acesso a diversos tipos de informação e realizar tarefas complexas com eficiência, o computador é utilizado em praticamente todos os setores da economia. Observe as fotografias.

1

Daniele Rodrigues/Ascom Sedur/Governo do Estado da Bahia

Sala de controle do metrô no município de Salvador (BA), em 2016.

2

Sergio Ranalli/Pulsar Imagens

Cabine de trator no município de Ibiporã (PR), em 2016.

3 **Em quais atividades econômicas o computador está sendo utilizado? Em quais outras atividades econômicas você acha que ele é empregado?**

Tecnologia: acesso e exclusão

Nem todas as pessoas têm acesso a computadores e à internet. Leia a reportagem a seguir e depois responda às questões.

Pesquisa mostra que 58% da população brasileira usam a internet

A 11ª edição da pesquisa TIC Domicílios 2015, que mede a posse, o uso, o acesso e os hábitos da população brasileira em relação às **tecnologias de informação e de comunicação**, mostra que 58% da população brasileira usam a internet – o que representa 102 milhões de internautas. A proporção é 5% superior à registrada no levantamento de 2014. [...]

De acordo com o levantamento, pessoas das classes sociais mais abastadas usam mais a internet: 95% dos entrevistados da classe A haviam utilizado a rede menos de três meses antes da pesquisa. A proporção cai para 82% para a classe B; 57% para a C, e 28% para a D/E. [...]

BOCCHINI, Bruno. Pesquisa mostra que 58% da população brasileira usam a internet. **Agência Brasil**, 13 set. 2016. Disponível em: <http://agenciabrasil.ebc.com.br>. Acesso em: maio 2018.

tecnologias de informação e de comunicação: também conhecidas como TIC, são um conjunto de recursos tecnológicos utilizados de forma integrada para reunir e compartilhar informações, proporcionando automação e comunicação de vários tipos de atividades e procedimentos, usando computadores, *smartphones*, *tablets*, internet, cabos, antenas, entre outros recursos.

1. De acordo com o texto, o número de brasileiros com acesso à internet entre 2014 e 2015:

☐ diminuiu. ☐ aumentou. ☐ permaneceu igual.

2. Com base nos dados divulgados pela pesquisa, podemos dizer que o acesso à internet está bem distribuído entre a população brasileira? Por quê?

....

....

....

3. Ter acesso às tecnologias, como a internet, é importante? Por quê?

Tecnologia, tipos de trabalho e consumo

Observe a ilustração.

Jótah/Arquivo da editora

1 **O que você sabe sobre a máquina que aparece na ilustração? Por que o homem demonstrou espanto com o comentário da menina? Converse com os colegas e o professor.**

Assista
Robôs

Atualmente quase não existem mais máquinas de escrever. Elas foram substituídas pelo computador e pela impressora.

Com os avanços tecnológicos, surgem muitos tipos de trabalho, alguns passam por modificações, enquanto outros vão gradativamente desaparecendo.

Até os anos 1980, por exemplo, as ligações telefônicas em uma empresa eram distribuídas pelos telefonistas, profissionais cuja função era exclusivamente esta: distribuir as ligações telefônicas para os diferentes departamentos. Atualmente, existem centrais digitais (computadorizadas) que fazem a distribuição das chamadas dentro das empresas. Por outro lado, com o avanço da informática, surgiram as profissões de programadores, técnicos em manutenção de computadores, elaboradores de *sites*, entre outras.

2 **Em dupla, façam uma pesquisa na internet para descobrir duas profissões que deixaram de existir e duas que surgiram nos últimos vinte anos. Anotem o nome delas em uma folha à parte e escrevam um breve texto sobre o que faziam/fazem os profissionais que exerciam/exercem esses tipos de trabalho. Depois, compartilhem o resultado com os colegas.**

A tecnologia possibilita também o lançamento de novos equipamentos e a substituição de produtos por versões mais modernas e eficientes.

Para que esses produtos sejam conhecidos e comprados, as empresas procuram conquistar o consumidor. Para isso, anunciam seus produtos ou serviços em propagandas veiculadas nos meios de comunicação.

Observe a fotografia.

Lixo eletrônico (computadores, monitores e outros equipamentos) descartado às margens de uma avenida, no município de São João do Meriti (RJ), em 2014.

3 **Em sua opinião, existe relação entre o que mostra essa fotografia e os avanços da tecnologia e do consumo? Converse com os colegas e o professor.**

Vamos falar sobre...

Lixo eletrônico e sustentabilidade

Dados divulgados pela Organização das Nações Unidas (ONU) em 2015 informaram que os brasileiros produziam perto de 1,5 milhão de toneladas de lixo eletrônico por ano, ou cerca de 7 quilogramas por pessoa, estando entre os maiores produtores do mundo desse tipo de lixo. Isso ocorre por causa do rápido crescimento da indústria de eletrônicos no país, que atualiza seus produtos em períodos de tempo cada vez menores.

Os equipamentos eletrônicos, em geral, possuem diversos componentes que, se descartados sem cuidados específicos, podem trazer grandes danos ao ambiente. No entanto, esses mesmos equipamentos, se reutilizados ou reciclados, podem gerar benefícios à sociedade. Pessoas sem condições de comprar um aparelho novo podem comprar um usado, por preço mais baixo. Outras podem ganhar dinheiro vendendo componentes e materiais de eletrônicos descartados.

- **Em grupo, façam uma pesquisa sobre os perigos do descarte inadequado do lixo eletrônico. Depois elaborem uma propaganda para informar os cidadãos sobre esses perigos.**

Vamos retomar

1 **Leia um trecho da letra de uma canção e responda às questões.**

Parabolicamará

Antes mundo era pequeno
Porque Terra era grande
Hoje mundo é muito grande
Porque Terra é pequena
Do tamanho da antena para-
bolicamará
Ê, volta do mundo, camará
Ê, ê, mundo dá volta, camará
[...]

GIL, Gilberto. Parabolicamará. **Parabolicamará**. Rio de Janeiro: Gegê Edições Musicais, 1992. 1 CD. Faixa 2.

a) A qual equipamento tecnológico o título da canção faz referência? Para que ele serve?

b) Em sua opinião, o que o autor quis dizer no terceiro e no quarto verso da canção? Você concorda com ele? Converse com os colegas e o professor.

2 **Observe as fotografias e faça a atividade no caderno.**

1

Luciana Whitaker/Pulsar Imagens

Colheita manual de cana-de-açúcar no município de Campos dos Goytacazes (RJ), em 2014.

2

Marcos Amend/Pulsar Imagens

Colheita mecanizada de cana-de-açúcar no município de Pinheiros (ES), em 2016.

- Aponte uma vantagem e uma desvantagem do tipo de agricultura da fotografia 2, comparando-a à fotografia 1.

Autoavaliação

Vamos pensar sobre o que você aprendeu nesta unidade?

Marque com **X** a opção que melhor represente sua resposta a cada pergunta abaixo.

1. Você sabe relacionar tecnologia e transformações das paisagens?			
2. Você sabe relacionar tecnologia e transformações das atividades econômicas?			
3. Você sabe identificar e comparar transformações dos meios de transporte e de comunicação?			
4. Você reconhece os diferentes usos da tecnologia?			
5. Você reconhece que nem todos têm acesso às novas tecnologias?			
6. Você consegue relacionar tecnologia e consumo?			
7. Você identifica os problemas decorrentes do aumento do lixo eletrônico?			

Sugestões

Para ler

Reprodução/Editora Girassol

- **Coisas que você precisa saber!**, de John Farndon e Rob Beattie. Barueri: Girassol, 2015.

  Este livro desvenda a estrutura e o funcionamento de aparelhos tecnológicos que fazem parte do dia a dia de todos nós, como a geladeira e o celular.

Para assistir

Reprodução/Arquivo da editora

- **Robôs**, direção de Chris Wedge. Estados Unidos, 2005.

  Por meio de uma abordagem sobre o avanço da tecnologia e a cultura de consumo, a animação relata as aventuras de Rodney, um robô criativo e divertido que sonha em ser um grande inventor.

UNIDADE

4 A modernização do Brasil

Nesta unidade você vai:

- Reconhecer características do processo de industrialização no Brasil e suas repercussões no espaço geográfico brasileiro.
- Descrever a influência da indústria no crescimento das cidades.
- Reconhecer a integração do território e das cidades decorrente da modernização do Brasil.
- Identificar alguns problemas ambientais decorrentes da industrialização.
- Descrever aspectos do processo de modernização do campo no Brasil e reconhecer seus impactos sociais.
- Reconhecer características do comércio exterior brasileiro.

1. O que você observa nas paisagens retratadas em cada fotografia?
2. Qual atividade econômica é responsável pela produção dos veículos que aparecem na fotografia 1? O que você sabe sobre essa atividade?
3. Como é possível relacionar a paisagem da fotografia 1 com a da fotografia 2?
4. Pelas fotografias é possível avaliar que no território brasileiro existem estruturas próprias de um país que se modernizou. Explique essa afirmação, procurando basear-se no que você aprendeu até aqui e também no que você observa no lugar onde vive.

1

Pátio do porto de Paranaguá, localizado na baía de Paranaguá (PR), com veículos produzidos no Brasil e que serão comercializados com outros países. Fotografia de 2016.

Arquivo/APPA/Governo do Estado do Paraná

2

Torres de transmissão de energia elétrica no município de Campos dos Goytacazes (RJ), em 2014. Essas linhas fazem parte da rede de distribuição de eletricidade, levando a energia produzida nas usinas para diferentes pontos do território brasileiro.

Luciana Whitaker/Pulsar Imagens

O processo de industrialização

Na abertura desta unidade você observou fotografias de paisagens que retratam algumas características relacionadas ao processo de industrialização do Brasil.

A **industrialização** caracteriza-se pela ampliação significativa de diversos tipos de indústrias – com maior produção de mercadorias – e da capacidade de gerar e distribuir energia elétrica (um dos tipos de energia utilizados nas indústrias), e também pela estruturação de uma rede de comunicação (instalação de antenas, cabos e outros equipamentos que permitem o fluxo de informações e dados) e de transporte.

Esse processo provoca grandes modificações no território: transforma as paisagens do local onde as fábricas são instaladas e também as paisagens de locais distantes. Essas modificações ocorrem pela necessidade de instalar usinas geradoras de energia para abastecer as indústrias, de explorar minérios utilizados como matérias-primas, de construir ferrovias e rodovias para escoamento e abastecimento, entre outros.

Com a industrialização, há maior oferta de mercadorias, serviços e empregos, sobretudo nas cidades, que passam, então, a atrair muitas pessoas. Tudo isso leva à **modernização do território**, com maior integração entre cidade e campo, entre os quais circulam produtos, pessoas e informações. Há também aumento na interação entre as cidades, as quais são interligadas por redes de transporte (rodovias, ferrovias, aeroportos, portos), de comunicação e de energia elétrica, formando uma rede de cidades, ou **rede urbana**.

Luis Lima Jr./Fotoarena

A rodovia Presidente Dutra, que liga as duas maiores cidades do Brasil – São Paulo (SP) e Rio de Janeiro (RJ) –, é a mais movimentada do país, com grande fluxo de caminhões, além de outros veículos. Fotografia de 2017.

A industrialização também pode gerar **problemas ambientais**, como maior exploração dos recursos naturais (que pode levar à escassez desses recursos), poluição das águas e do ar e geração de lixo. A fim de evitar esses problemas, para a instalação de indústrias, é necessário um planejamento que avalie os impactos ambientais e considere ações para diminuí-los ou evitá-los.

Industrialização brasileira

A industrialização no Brasil desenvolveu-se no decorrer do século XX, principalmente a partir dos anos 1930, provocando grandes transformações no campo e na cidade.

Observe as imagens de satélite a seguir, que retratam o mesmo local em épocas diferentes.

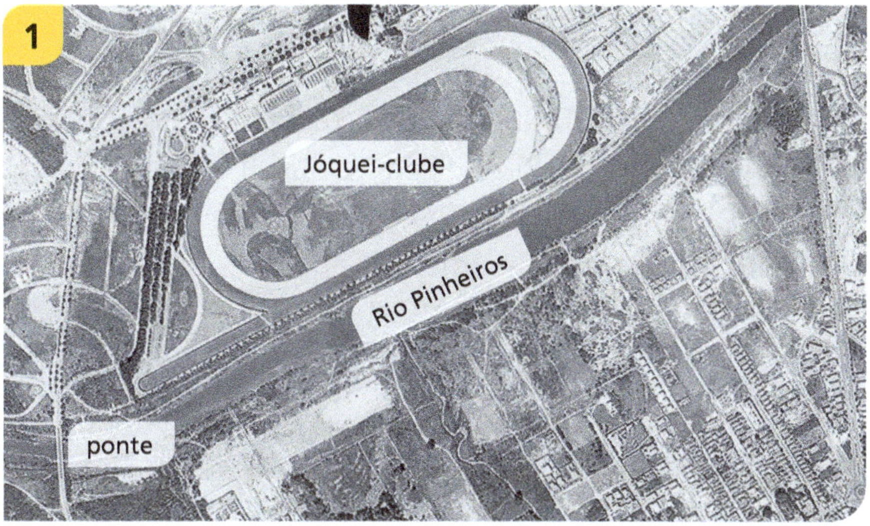

Reprodução/Arquivo público do estado de São Paulo, São Paulo, SP

Imagem de satélite da região do jóquei-clube da cidade de São Paulo (SP), em 1954.

Reprodução/ Google Earth

Imagem de satélite da região do jóquei-clube da cidade de São Paulo (SP), em 2014.

Converse com os colegas e o professor.

1. Você identifica elementos da paisagem de 1954 que tenham permanecido na paisagem de 2014? Quais?
2. Quais diferenças você percebe entre as paisagens retratadas?
3. Em sua opinião, as alterações apontadas na questão anterior podem estar relacionadas ao processo de industrialização do Brasil? Explique sua resposta.

O processo de industrialização no Brasil foi marcado pela construção de rodovias e pela ampliação dos sistemas de comunicação e de rede de energia, integrando diferentes locais do território. Isso possibilitou um grande deslocamento de pessoas para as cidades onde estavam concentradas as indústrias, principalmente São Paulo e Rio de Janeiro.

Com o aumento da população, houve uma ampliação do número de serviços oferecidos nas cidades (hospitais, escolas, bancos, entre outros.) e desenvolveu-se o comércio, o que contribuiu para o aumento da oferta de trabalho e para a melhoria das condições de vida dos habitantes. A maior oferta de serviços e comércio – e consequentemente de trabalho – atraiu ainda mais pessoas, causando um aumento populacional expressivo nas cidades. É por isso que dizemos que a industrialização impulsionou a urbanização. Outro fator que impulsionou o deslocamento do campo para a cidade foi a introdução de máquinas e equipamentos agrícolas nas atividades econômicas do espaço rural, assunto que será tratado adiante.

Para que o setor industrial pudesse se desenvolver, o governo brasileiro criou **indústrias de base**, como as de geração de energia e as fornecedoras de máquinas e matérias-primas essenciais a outras indústrias. São exemplos: a Companhia Vale do Rio Doce (CVRD), criada em 1942, com destaque para a exploração do minério de ferro, e a Companhia Siderúrgica Nacional (CSN), criada em 1943, para a produção de aço (observe a fotografia ao lado). O minério de ferro e o aço são importantes matérias-primas utilizadas em muitas indústrias.

Arquivo/JCom/D.A Press

Vista do então distrito de Volta Redonda (RJ), em 1947. Ao fundo, a Companhia Siderúrgica Nacional (CSN).

Em 1953, o governo criou a Petrobras, empresa responsável pela extração de petróleo e pela produção de combustíveis (gasolina, óleo *diesel*, querosene, gás de cozinha) e de matérias-primas para a elaboração de produtos como tintas, vernizes, plásticos, entre outros.

Além das indústrias de base, por meio de incentivos como diminuição ou **isenção** de impostos e doação de terrenos, o governo estimulou a instalação de indústrias estrangeiras no Brasil. Vieram para cá empresas têxteis, alimentícias, químicas, farmacêuticas, automobilísticas, entre outras.

isenção: ato de dispensar alguém de uma responsabilidade, como a obrigação de pagar imposto.

Como visto, a industrialização provocou muitas mudanças no espaço geográfico brasileiro, em razão do desenvolvimento de novas atividades, sobretudo nas grandes cidades. Enquanto algumas passaram a concentrar indústrias, tendo, portanto, em termos econômicos, um perfil industrial, a maior parte delas desenvolveu atividades comerciais e de serviços, que se ampliaram com a modernização do território. Volta Redonda (RJ), por exemplo, era um distrito do município de Barra Mansa, do qual **emancipou-se** em 1954, por causa do crescimento populacional expressivo e dos perfis econômico e industrial ocasionados pela instalação da CSN.

emancipar-se: tornar-se independente.

Atualmente, há cidades que se destacam pela forte presença de indústrias, outras, pelo turismo (inclusive o religioso), enquanto outras, ainda, destacam-se pela existência de um porto com grande movimento de cargas. Algumas das grandes cidades passaram a ter um perfil econômico complexo (múltiplo), com indústrias e setores comercial e de serviços, inclusive transportes, bem desenvolvidos. A essa especialização das cidades dá-se o nome de **função das cidades**.

Compare as paisagens das fotografias a seguir.

1

Autor desconhecido/Acervo particular

Trecho da cidade de São Paulo (SP) em que se vê a igreja Santa Ifigênia, em 1916.

2

Jales Valquer/Fotoarena

Mesmo trecho da cidade de São Paulo (SP), retratado acima, em 2017.

4 Como essas fotografias retratam a modernização do país?

O crescimento econômico que acompanhou o processo de industrialização, modernizando o Brasil, não trouxe, entretanto, melhoria nas condições de vida de toda a sociedade. Ainda hoje, grande parcela da população brasileira não tem acesso a moradia, saúde e educação de qualidade.

5 Observe o mapa abaixo e depois responda às questões.

Brasil: áreas industriais – início do século XXI

Fonte: ÍSOLA, Leda; CALDINI, Vera Lúcia de M. **Atlas geográfico Saraiva**. São Paulo: Saraiva, 2013. p. 53.

a) Qual é o título do mapa? Quais informações o mapa apresenta?

....

....

b) Identifique as cidades importantes em termos industriais, considerando a produção nacional e regional, e indique qual(is) está(ão) no estado onde você mora.

....

....

....

Impactos da atividade industrial no ambiente

A instalação e o funcionamento de indústrias podem trazer consequências negativas para o ambiente, como destruição da vegetação, poluição da atmosfera, contaminação de rios e córregos, poluição do solo, entre outras. Além disso, a produção industrial também é responsável pela geração de resíduos.

Leia

No tempo em que a televisão mandava no Carlinhos...

Entretanto, a produção das indústrias pode favorecer o desenvolvimento dos municípios, pois gera emprego e pode contribuir para a melhoria das condições de vida da população. Então, como resolver isso?

A solução é implementar um modelo de desenvolvimento que seja **sustentável**, isto é, que satisfaça as necessidades das pessoas sem comprometer ou esgotar os recursos naturais para o futuro. Esse modelo deve favorecer a estruturação de um ambiente com boa qualidade de vida para as pessoas e menor interferência na natureza, que já está bastante degradada.

O desenvolvimento sustentável está relacionado ao reaproveitamento pela indústria de materiais descartados (reciclagem), ao tratamento de resíduos industriais que serão despejados nos cursos de água ou no ar (estações de tratamento de resíduos líquidos e implantação de filtros em chaminés), à estruturação de meios de transporte menos poluentes, a uma nova atitude perante o consumo exagerado, entre outras ações.

Em muitas cidades brasileiras é comum vermos pessoas coletando latas de alumínio, papelão e outros materiais recicláveis. Esses materiais coletados entram novamente no processo de produção. Isso contribui para a conservação do ambiente, uma vez que diminui a necessidade de exploração de recursos naturais e a geração de lixo.

Além disso, a coleta desses materiais é fonte de renda para muitas pessoas.

Rogerio Reis/Tyba

Catador de latinhas de alumínio, no município do Rio de Janeiro (RJ), em 2015.

1 No lugar onde você vive, é possível constatar problemas ambientais? Quais? Há também situações que demonstram respeito ao ambiente? Conte aos colegas e ao professor.

Industrialização e energia

Leia

A energia em pequenos passos

A industrialização provocou um aumento no consumo de **energia elétrica** (eletricidade), essencial para o funcionamento das máquinas industriais e de diversos produtos feitos nas indústrias e utilizados pelas pessoas no dia a dia, como computadores, eletrodomésticos, lâmpadas, entre outros. Aumentou também o consumo de outras fontes e de outros tipos de energia.

Os veículos, por exemplo, são movidos a gasolina, óleo *diesel* (derivados do petróleo) ou álcool (produzido a partir da cana), assim como os tratores, as semeadeiras, as colheitadeiras e outras máquinas e equipamentos do setor agrícola e também as escavadeiras e os caminhões utilizados na extração mineral e vegetal.

O petróleo, o carvão mineral e o gás natural são muito utilizados como fonte de energia para diferentes finalidades, em vários países (entre eles o Brasil). Esses recursos não são renováveis, pois com o tempo acabam, e poluem o ambiente. Para a geração de energia elétrica, o Brasil utiliza principalmente a água dos rios (recurso renovável) nas usinas hidrelétricas.

Nas indústrias, muitos processos requerem **energia térmica** (calor ou frio). Para a produção de calor, também podem ser utilizados o óleo (feito a partir do petróleo), o carvão mineral e o gás natural. Para resfriamento, os sistemas podem utilizar a eletricidade.

Para atender às suas necessidades e diminuir os impactos no ambiente, os seres humanos vêm desenvolvendo formas de aproveitar outras fontes de energia, consideradas alternativas, como os vegetais (energia da **biomassa**), o vento (energia **eólica**), a água dos mares (**ondas e marés**) e o Sol (energia **solar**). Essas fontes são renováveis.

G. Evangelista/Opção Brasil Imagens

Casa com placas solares no município de Ouro Preto (MG), em 2015. Essas placas, também chamadas fotovoltaicas, captam a energia do Sol e a transformam em eletricidade.

A modernização do campo

O desenvolvimento de novas tecnologias também introduziu mudanças no campo. O uso de máquinas na agricultura e na pecuária e o aumento da utilização de agrotóxicos em cultivos foram algumas dessas modificações. Elas caracterizaram a chamada **modernização do campo**, que no Brasil ocorreu principalmente a partir da década de 1960. Observe a fotografia.

Delfim Martins/Pulsar Imagens

Colheita mecanizada de café no município de Garça (SP), em 2016.

Em muitos casos, os conhecimentos tecnológicos viabilizaram a produção no campo, oferecendo emprego e melhores condições de vida para a população rural. Nos estados da Bahia e de Pernambuco, por exemplo, a tecnologia permitiu a utilização das águas do rio São Francisco para irrigar áreas onde as chuvas são irregulares e ocorrem longos períodos de seca. Antes, a população da divisa entre os dois estados sofria com as poucas oportunidades de trabalho e era obrigada a se mudar para outros locais. Atualmente, a região é uma das maiores produtoras de frutas do país, e a ampliação da atividade agrícola permitiu a geração de riquezas, com mais oferta de trabalho e melhoria nas condições de vida de parte dos moradores.

Troca de ideias

1. **Será que todos os agricultores conseguem comprar máquinas e equipamentos agrícolas como os mostrados na fotografia?**
2. **O que acontece com os agricultores e pecuaristas que não conseguem modernizar seu modo de produzir?**

Impactos negativos da modernização do campo

A modernização do campo possibilitou o aumento da produção para o agricultor e para o pecuarista que tinham condições financeiras de adquirir máquinas, equipamentos, agrotóxicos, fertilizantes e ração, além de contar com cuidados veterinários para suas criações.

Entretanto, a modernização eliminou muitos empregos no campo e aumentou a migração para as cidades, pois muitos trabalhadores foram substituídos por máquinas e outros tiveram que abandonar suas terras porque não puderam competir com os grandes produtores que conseguiram se modernizar.

As transformações do campo também contribuíram para aumentar a concentração de terras nas mãos de poucas pessoas. Observe as ilustrações a seguir.

Concentração de terras e migração

Para se modernizarem e aumentarem a produção, pequenos e grandes proprietários rurais buscam empréstimos nos bancos.

Hagaquezart Estúdio/Arquivo da editora

Com o tempo, os pequenos proprietários, sem conseguir pagar os empréstimos por causa da concorrência com os grandes proprietários, acabam vendendo suas propriedades para saldar a dívida no banco. Alguns deles vão trabalhar como empregados nas grandes propriedades, mas a maioria migra para as cidades, em busca de trabalho.

Hagaquezart Estúdio/Arquivo da editora

Ilustrações esquemáticas, sem escala, elaboradas pelos autores.

Além disso, o modelo de modernização no campo trouxe problemas ambientais, como o aumento do desmatamento e do desgaste do solo, além da contaminação do solo e da água por causa da utilização de produtos químicos na lavoura, como agrotóxicos e fertilizantes.

Reforma agrária

Atualmente, os **latifúndios** ocupam mais da metade da área total das propriedades rurais do país. Muitos desses latifúndios são improdutivos, ou seja, não produzem nada ou produzem muito pouco. Não oferecem, assim, oportunidades de trabalho aos moradores do campo. Aqueles que produzem utilizam um pequeno número de trabalhadores porque grande parte do trabalho é realizada por máquinas agrícolas.

latifúndio: grande propriedade rural.

A concentração de terras nas mãos de poucas pessoas é um grave problema social no Brasil, fazendo-se necessária uma reforma agrária, ou seja, uma distribuição das terras não utilizadas para os trabalhadores rurais, a fim de que possam cultivá-las e garantir sua permanência no campo.

Porém, apenas a distribuição de terras não é suficiente para garantir a melhoria das condições de vida desses trabalhadores. Essa medida precisa ser acompanhada, por exemplo, de ajuda técnica e financeira do governo, para que eles possam cultivar e obter boas colheitas.

Cesar Diniz/Pulsar Imagens

Família organizando a colheita de pinhas em terras fornecidas pelo governo, no município de Petrolina (PE), em 2016. O número de famílias beneficiadas com a reforma agrária no Brasil nas últimas décadas foi o maior de toda a história do país. Ainda assim, muitas famílias permanecem sem uma propriedade rural para trabalhar e sobreviver.

Vamos falar sobre...

Cooperativas agrícolas

Além de receber orientação técnica e auxílio financeiro do governo, é importante que os pequenos produtores se organizem em **cooperativas** agrícolas.

cooperativa: associação de pessoas com os mesmos objetivos e desafios.

- **Em grupos de três alunos, façam uma pesquisa para descobrir por que as cooperativas agrícolas são importantes. A pesquisa pode ser feita em *sites* da internet, como o do Centro de Produções Técnicas (CPT) ou o da Organização das Nações Unidas para Agricultura e Alimentação (FAO).**

Comércio exterior

Com a industrialização e a modernização, muitos países, incluindo o Brasil, ampliaram sua capacidade de fabricação de produtos. Além disso, as descobertas na área da ciência e da saúde favoreceram o aumento da população mundial e a **expectativa de vida**. Com isso, o consumo de alimentos e de outros produtos também cresceu.

expectativa de vida: estimativa de quantos anos uma pessoa pode viver.

1 **Observe a fotografia e responda às questões a seguir.**

Paulo Whitaker/Reuters/Latinstock

Navio sendo carregado com soja para exportação, no porto de Santos (SP), em 2017.

a) Que produto brasileiro será enviado para outro país? ....

b) Por qual meio de transporte o produto será transportado? Por que você acha que ele foi escolhido?

....

....

c) De que maneira a tecnologia auxilia o comércio de produtos entre os países?

....

....

d) Em sua opinião, por que o produto mostrado na fotografia está sendo enviado para outros países?

Os avanços tecnológicos nas áreas de comunicação (sistemas de telefonia por satélite ou por cabo) e de transporte (navios e aviões mais rápidos e com maior capacidade de carga) favoreceram o relacionamento entre governos, empresas e pessoas no mundo todo. Atualmente é possível comprar (importar) produtos de vários países, mesmo dos mais distantes, e também vender (exportar) para eles.

O comércio entre países depende principalmente do transporte marítimo e aéreo, para levar as mercadorias para locais distantes. O transporte por navios possibilita o carregamento de grandes volumes de mercadorias a custos mais baixos se comparado ao transporte aéreo, que é utilizado para levar produtos com rapidez. Entre países próximos, o transporte pode ser feito por via terrestre (caminhões, trens) ou por hidrovia.

Emerson Santos/Fotoarena

Mercadorias sendo embarcadas para exportação no aeroporto de Cumbica, município de Guarulhos (SP). Fotografia de 2016.

O Brasil exporta muitos produtos, sobretudo agropecuários e do extrativismo, mas também bens industriais, como automóveis, para diversos países, como China, Estados Unidos, Argentina, Países Baixos, Alemanha, França e Bélgica. E importa mercadorias, como medicamentos e outros produtos industrializados, desses e de outros países, como México, Coreia do Sul, Suíça e Japão.

2 **Escolham um produto agrícola ou do extrativismo brasileiro que seja exportado. Pesquisem informações sobre esse produto: onde é produzido; para onde é exportado; de que forma é exportado; quais produtos podem ser feitos com essa matéria-prima (se for o caso), entre outras.**

Depois, produzam um cartaz com essas informações. Utilizem mapas, fotografias, ilustrações, entre outros. Não se esqueçam de escrever legendas para as imagens, um título para o cartaz e a fonte das informações.

Ao final, organizem uma exposição com os trabalhos produzidos.

Gráficos

Você já viu que podemos utilizar diferentes recursos para representar a superfície terrestre ou partes dela: mapas, plantas, maquetes. Além deles, há outros recursos que facilitam o conhecimento do espaço geográfico.

Dados e informações a respeito do espaço geográfico podem ser exibidos em gráficos, que são representações visuais de informações numéricas, facilitando comparações e análises. Conheça a seguir alguns tipos de gráficos, que apresentam dados relativos à produção industrial e a aspectos da modernização do território brasileiro.

- **Gráfico de barras**: nesse tipo de gráfico, os dados são representados em barras (retângulos horizontais). O tamanho de cada barra depende do valor representado.

Produção de veículos por países selecionados – 2016

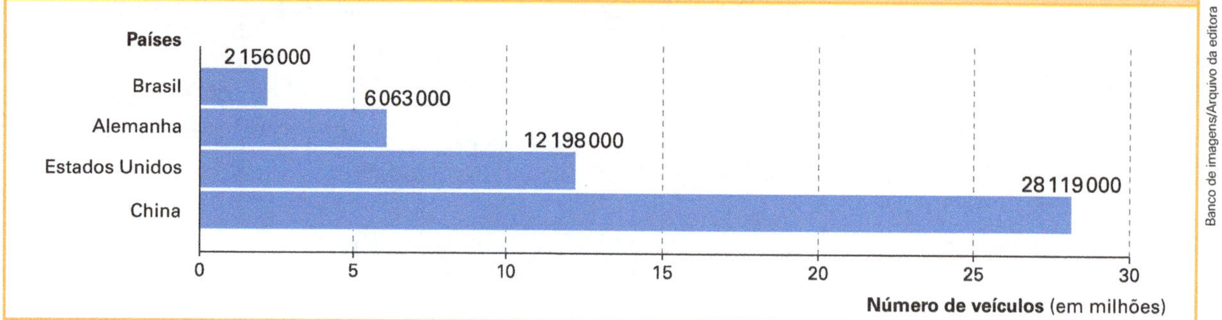

Fonte: ANFAVEA. **Anuário da indústria automobilística brasileira, 2017**. p. 145. Disponível em: <www.virapagina.com.br/anfavea2017>. Acesso em: maio 2018.

- **Gráfico de colunas**: nesse tipo de gráfico, os dados são representados em colunas (retângulos verticais). O tamanho de cada coluna depende do valor representado.

Brasil: telefones celulares – 2010-2016

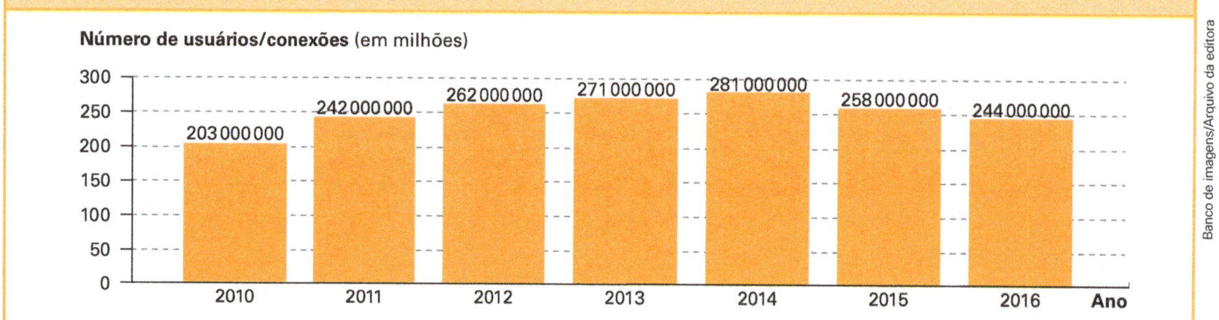

Fonte: TELECO. Disponível em: <www.teleco.com.br>. Acesso em: maio 2018.

- **Gráfico de setores** (tipo *pizza*): esse gráfico utiliza partes de um círculo para apresentar dados sobre determinado assunto.

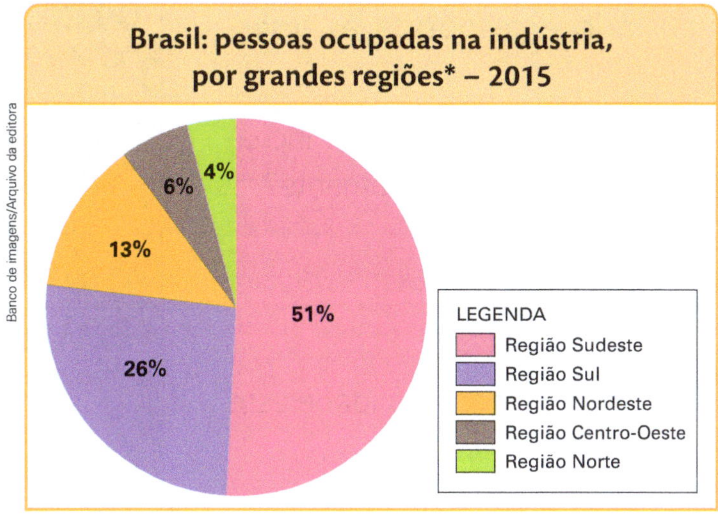

* Valores aproximados.

Fonte: IBGE. **Pesquisa Industrial**, v. 34, n. 1, Empresa, 2015. Tabela 9. Disponível em: <http://biblioteca.ibge.gov.br>. Acesso em: maio 2018.

1 Com base na leitura dos gráficos, responda:

a) Qual país produziu o maior número de veículos em 2016? ....

b) O que se pode dizer sobre a quantidade de telefones celulares no Brasil?

....

c) Em qual região brasileira havia mais pessoas ocupadas na indústria em 2015?

....

2 **Em grupos, confeccionem um gráfico para representar a distribuição dos alunos por sexo nas classes de 5º ano de sua escola. Sigam os passos.**

1. Utilizando a lista com o nome dos alunos das classes de 5º ano da escola, somem quantos meninos e quantas meninas há em cada turma. Depois, descubram o total de meninas e de meninos de 5º ano.
2. Com esses dados, montem um gráfico de barras ou de colunas. Lembrem-se de:
   - fazer, em papel quadriculado, os dois eixos (linha horizontal e linha vertical) e escrever a variável em cada um (sexo e número de alunos, respectivamente);
   - registrar os dados (pintar um quadradinho para cada aluno);
   - colocar título (o que ele representa e a qual ano se refere);
   - indicar a fonte de onde os dados foram retirados.

Vamos retomar

1 Leia o cartum ao lado e responda às questões a seguir.

a) O que os quadros "Enxadas paradas" e "Inchadas paradas" representam, respectivamente?

b) A que problema discutido nesta unidade esse cartum faz referência?

© Marcio Baraldi/Acervo do cartunista

Disponível em: <www.marciobaraldi.com.br>. Acesso em: maio 2018.

2 Observe o gráfico e depois responda às questões.

Brasil: consumo de energia por setor – 2015

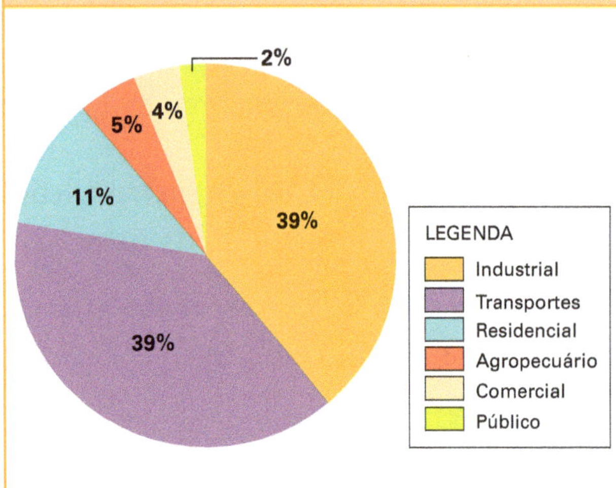

Banco de imagens/Arquivo da editora

Fonte: EMPRESA DE PESQUISA ENERGÉTICA (Brasil). **Balanço energético nacional 2016**: ano-base 2015. Disponível em: <https://ben.epe.gov.br>. Acesso em: maio 2018.

a) De que tipo é esse gráfico?

b) Quais setores mais utilizaram energia elétrica no Brasil em 2015?

c) Em sua opinião, como é possível contribuir para reduzir o consumo de energia nos setores que você apontou no item anterior? Converse com os colegas e o professor.

Autoavaliação

Vamos pensar sobre o que você aprendeu nesta unidade?

Marque com **X** a opção que melhor represente sua resposta a cada pergunta abaixo.

1. Você reconhece as características do processo de industrialização do Brasil e suas repercussões no espaço geográfico brasileiro?			
2. Você consegue descrever a influência da indústria no crescimento das cidades?			
3. Você reconhece a integração do território e das cidades decorrente da modernização do Brasil?			
4. Você consegue identificar alguns problemas ambientais decorrentes da industrialização?			
5. Você consegue descrever aspectos do processo de modernização do campo no Brasil e reconhece seus impactos sociais?			
6. Você reconhece as características do comércio exterior brasileiro?			

Sugestões

Para ler

- **A energia em pequenos passos**, de François Michel. São Paulo: Companhia Editora Nacional, 2013.

  O livro explica por que a energia é importante para a fabricação e o funcionamento de muitos aparelhos, apresenta suas fontes, como o Sol, a água e o petróleo, além de discutir sobre a exploração de fontes não renováveis.

Reprodução/Companhia Editora Nacional

- **No tempo em que a televisão mandava no Carlinhos...**, de Ruth Rocha. São Paulo: FTD, 2000.

  Carlinhos queria tudo o que via na televisão. Até o dia em que ele encomendou um produto e deu um susto na família.

Reprodução/FTD Educação

UNIDADE

5 Urbanização, problemas sociais e ambientais

Nesta unidade você vai:

- Reconhecer o que é urbanização e como esse processo ocorreu no Brasil.
- Analisar as relações entre campo e cidade.
- Analisar o êxodo rural no Brasil.
- Reconhecer as interligações entre cidades em mapas temáticos.
- Identificar e descrever alguns problemas sociais e ambientais urbanos.
- Reconhecer características de cidades planejadas e formas do espaço urbano.

1. As duas fotografias mostram paisagens de uma mesma cidade. O que você observa em cada uma? O que mais lhe chama a atenção em cada uma delas?
2. Com base no que você observa nas fotografias, o que é possível dizer sobre as condições de vida das pessoas que vivem nos locais retratados?
3. Em sua opinião, qual é a relação entre o título da unidade e as paisagens retratadas nas fotografias?

Nas fotografias 1 e 2, paisagens da cidade do Recife (PE) em 2018 e 2016, respectivamente.

Jr Manolo/Fotoarena

1

Hans Von Manteuffel/Pulsar Imagens

2

A urbanização

Os gráficos a seguir apresentam dados sobre a população brasileira. Leia-os.

Brasil: população urbana e rural – 1940-2013

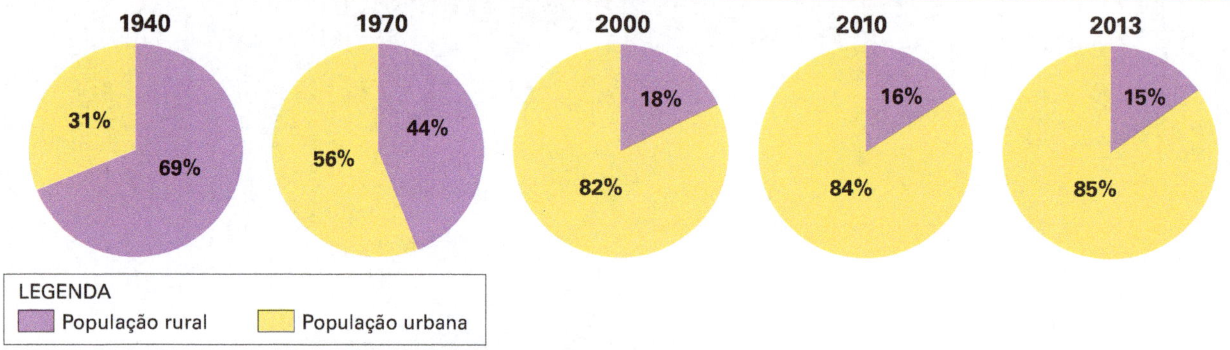

Banco de imagens/Arquivo da editora

Fonte: IBGE. **Anuário estatístico do Brasil, 1998**. Rio de Janeiro, 1998; IBGE. **Censo demográfico 2010**. Famílias e domicílios – resultados de amostra. Rio de Janeiro, 2012; IBGE. **Pesquisa Nacional por Amostra de Domicílios (PNAD 2013)**. Tabela 1.1. Disponível em: <http://biblioteca.ibge.gov.br>. Acesso em: maio 2018.

1. O que os gráficos representam?

2. No período de 1940 a 2013, quais as mudanças registradas nos gráficos?

3. Em sua opinião, quais são os possíveis motivos dessas mudanças?

Analisando os gráficos, é possível perceber que em 1940 a maior parte da população brasileira era rural. Em 1970, contudo, a maioria da população era urbana. E em 2000, 2010 e 2013, a população brasileira urbana já era predominante. Essa distribuição da população é resultado do processo de **urbanização**.

No Brasil, esse processo intensificou-se a partir de 1940, quando um grande número de pessoas deixou o campo para viver na cidade por causa do desenvolvimento da atividade industrial, da mecanização da agricultura e da concentração de terras no campo. As pessoas buscavam empregos e melhores condições de vida nos centros urbanos. A partir dos anos 1970, entretanto, quando a maior parte da população brasileira já vivia em cidades, o ritmo do processo de urbanização começou a diminuir.

As transformações na cidade e no campo

A **urbanização** é o processo caracterizado pelo aumento da população urbana em um ritmo maior que o da população rural e pelas transformações da paisagem e do modo de vida decorrentes. Observe as fotografias a seguir.

Cesar Diniz/Pulsar Imagens

Pavimentação de rua com paralelepípedos no município de Rio do Pires (BA), em 2014.

Delfim Martins/Pulsar Imagens

Loteamento no município de Tucumã (PA), em 2016.

Cemig/Divulgação

Implantação de postes para instalação de rede elétrica no município de Frutal (MG), em 2014.

Converse com os colegas e o professor.

1. Quais modificações é possível perceber nas paisagens mostradas nas fotografias?
2. Em sua opinião, essas modificações estão ligadas ao processo de urbanização? Explique.
3. Quais são os impactos dessas modificações no dia a dia das pessoas que vivem nesses espaços?

Com um número maior de pessoas vivendo nas cidades, a paisagem sofre mudanças, com a construção de mais moradias, prédios comerciais e industriais, escolas, hospitais e locais de lazer; alteram-se os modos de vida das pessoas que vivem nesses locais, pois passam a realizar outros tipos de trabalho, em atividades industriais, comerciais e de serviços, além de consumirem mais produtos industrializados.

O processo de urbanização acarreta também transformações nas paisagens rurais e no modo de vida das pessoas, além de aumentar a interdependência entre o campo e a cidade, com maior circulação de mercadorias, pessoas e informações entre esses espaços.

Nesse processo de modificações no campo, pequenas propriedades vão sendo adquiridas por grandes e médios proprietários, que utilizam mais intensamente máquinas agrícolas; sistemas de telefonia e de energia elétrica são instalados; novas estradas são abertas, entre outras mudanças.

No entanto, é nas pequenas e médias propriedades, em que a maior parte da mão de obra é formada pela própria família e os rendimentos são provenientes exclusivamente da propriedade rural, que é produzida boa parte dos diversos alimentos consumidos pelos brasileiros.

Vamos falar sobre...

Grafite: unindo o campo à cidade

Acesse
Projeto Conexão Rural

O grafite é uma expressão artística que nasceu e é praticada nas cidades. Suas temáticas, porém, não se restringem ao espaço urbano.

O Projeto Conexão Rural, desenvolvido em algumas escolas da rede pública do estado de São Paulo, utiliza o grafite para trabalhar com alunos a importância do campo para a produção dos alimentos consumidos na cidade.

Os alunos participam de aulas que abordam as relações entre campo e cidade e a dependência alimentar do espaço urbano para com o rural. Depois, aprendem sobre a história do grafite e suas técnicas com grafiteiros profissionais. Por fim, expressam o que aprenderam nos muros das escolas.

1. **Qual é a importância do grafite em uma ação como a do Projeto Conexão Rural?**

2. **No lugar onde você vive, há grafites pelas ruas, nos muros e nas fachadas de prédios da cidade? Se sim, que temáticas eles apresentam? Se não, você gostaria que houvesse? Em que espaços?**

Êxodo rural

Se, por um lado, as cidades passaram a acenar com maior oferta de empregos e com a possibilidade de uma vida melhor, com infraestrutura mais adequada em alguns casos (comunicações, transportes, saneamento básico), por outro lado, no campo havia cada vez menos trabalho devido à mecanização e à concentração da propriedade rural nas mãos de poucas pessoas.

Leia
Vidas secas

Esses fatores provocaram um movimento de migração, com deslocamento de grande número de pessoas do campo para a cidade, em um período relativamente curto, na segunda metade do século XX, no Brasil. Foi o chamado **êxodo rural**.

Arquivo/Agência Estado

Caminhão transportando pessoas provenientes da região Nordeste, que deixaram o campo em busca de melhores condições de vida em São Paulo (SP). Fotografia de 1960.

Atualmente, apesar da diminuição da migração campo-cidade, muitos habitantes do espaço rural ainda migram para o espaço urbano em busca de melhores oportunidades.

No entanto, desde os anos 1970/1980, a oferta de vagas para atividades que exigem pouca qualificação tem sido bem menor que o número de trabalhadores em busca de emprego nas cidades. E são essas atividades que, geralmente, o migrante vindo do campo poderia exercer. Essa situação contribuiu para o aumento do subemprego e do desemprego nos espaços urbanos.

1 Observe abaixo a reprodução de uma pintura. Depois, converse com os colegas sobre as questões a seguir.

Gontran Guanaes Netto/Coleção particular

Os retirantes, de Gontran Guanaes Netto, 1982 (técnica mista, sem dimensões).

a) O que você observa na pintura acima?

b) Em sua opinião, o que nessa pintura demonstra que as pessoas são retirantes?

retirante: pessoa que sai de seu lugar de origem em direção a outro que ofereça melhores condições de vida.

Troca de ideias

1. Será que havia moradia, escola, atendimento médico e hospitalar para todas as famílias que migraram para as cidades?

2. Quais eram as dificuldades dessas pessoas ao chegarem às cidades?

Rede de cidades

No processo de urbanização do Brasil, o ritmo de crescimento das cidades foi diferenciado. Algumas cresceram bastante porque possuíam um porto ou porque faziam conexão entre áreas produtoras de mercadorias e portos de exportação. Essas cidades concentraram atividades econômicas e atraíram pessoas de outras cidades e também do campo. Surgiram também novos centros urbanos.

As grandes cidades que concentram muitas e diversificadas atividades econômicas, universidades, importantes centros médicos e financeiros, atraindo pessoas de diferentes locais para serem atendidas por seus serviços, são chamadas **metrópoles**.

Ricardo Teles/Pulsar Imagens

Vista aérea de importante centro empresarial no município de São Paulo (SP), em 2017.

Hans Von Manteuffel/Pulsar Imagens

Vista aérea de trecho do município do Recife (PE), em 2016. Em primeiro plano, observam-se prédios do Porto Digital, importante parque tecnológico do Brasil.

Com a modernização do território, ocorreu uma conexão maior entre as cidades da rede urbana, cada uma desenvolvendo um papel, ou função, nessa rede. Isso configura uma **hierarquia urbana**: cidades de diversos tamanhos e níveis de importância para a economia do país. Observe o mapa abaixo.

Brasil: hierarquia e rede urbana – início do século XXI

Fonte: CALDINI, Vera; ÍSOLA, Leda. **Atlas geográfico Saraiva**. São Paulo: Saraiva, 2013. p. 64.

1. O que determina a hierarquia urbana apresentada no mapa?

2. Em sua opinião, além das rodovias, o que mais promove a conexão entre essas cidades? O que circula entre elas?

3. Existe uma metrópole na Unidade da Federação em que você mora? Se sim, qual?

Problemas sociais urbanos

A urbanização no Brasil aconteceu de forma muito rápida, sendo esse um dos fatores que gerou vários problemas sociais. Observe as fotografias a seguir.

Leia

Vida da gente

Hans Von Manteuffel/Opção Brasil Imagens

Moradias precárias no município do Recife (PE), em 2015.

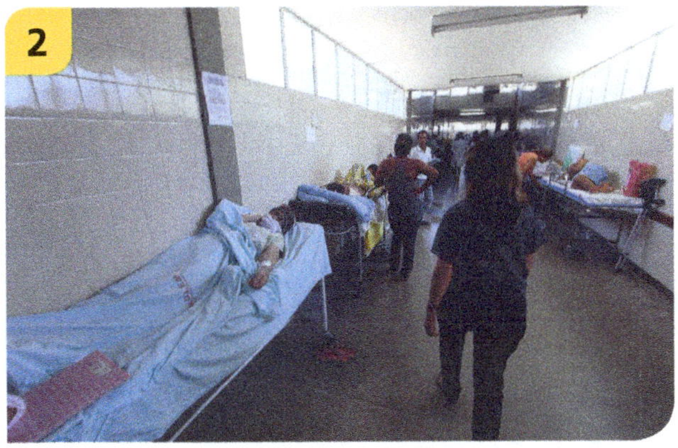

Mário Bittencourt/Agência Estado

Pacientes em macas em corredor de hospital público, no município de Vitória da Conquista (BA), em 2014.

Rogério Reis/Pulsar Imagens

Plataforma lotada em estação de metrô, no município de Nova Iguaçu (RJ), em 2014.

1 **Que dificuldades as pessoas mostradas nas fotografias enfrentam?**

2 **No lugar onde você vive, esses problemas sociais são frequentes? O que poderia ser feito para resolvê-los? Converse com os colegas e o professor.**

A urbanização acelerada, na qual o ritmo de crescimento da população urbana não foi acompanhado pelo ritmo nos investimentos do governo em serviços, infraestrutura e criação de empregos nas cidades, intensificou diversos problemas sociais em várias cidades brasileiras.

Problemas ambientais urbanos

Além dos problemas sociais, em muitos espaços urbanos evidenciam-se problemas ambientais, entre eles a poluição. Observe as fotografias e converse com os colegas sobre elas.

Alfeu Tavares/Folha de Pernambuco/Folhapress

Emissão de fumaça por veículo, na cidade do Recife (PE), em 2015.

Lula Sampaio/Opção Brasil Imagens

Igarapé poluído na cidade de Manaus (AM), em 2016.

Andre Dib/Pulsar Imagens

Patrimônio histórico deteriorado na cidade de São Luís (MA), em 2014.

1. Quais são os problemas ambientais retratados em cada uma das fotografias? Esses problemas existem no seu lugar de vivência?

....

....

2. Qual é a relação entre a urbanização e esses problemas? É possível amenizar os problemas ambientais decorrentes do processo de urbanização? Como isso poderia ser feito? Converse com os colegas e o professor.

Observe o mapa abaixo e leia com atenção a legenda.

Brasil: poluição – início do século XXI

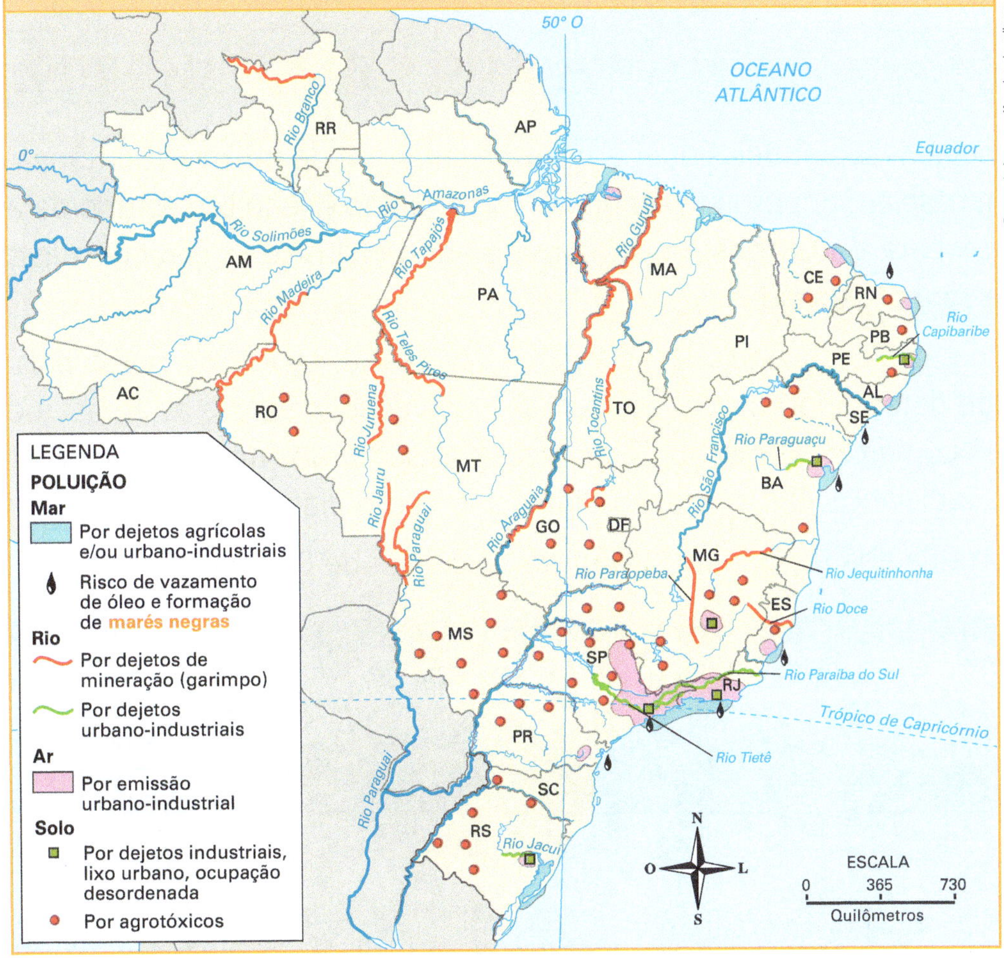

Fonte: CALDINI, Vera; ÍSOLA, Leda. **Atlas geográfico Saraiva**. São Paulo: Saraiva, 2013. p. 71.

maré negra: grande mancha de petróleo em oceanos e mares, provocada por acidentes nos navios ou dutos que transportam petróleo ou durante sua extração.

3. Quais problemas ambientais são apresentados no mapa acima?

....

4. Quais problemas ambientais são provocados por atividades desenvolvidas no espaço urbano?

....

....

5. Onde pode ocorrer a formação de marés negras?

....

....

Cidades planejadas e formas do espaço urbano

As cidades planejadas são aquelas que, em vez de surgirem de forma espontânea, são construídas com base em um projeto ou plano. Nesse plano é feito um estudo para avaliar o melhor local para a sua construção, considerando inclusive as características naturais e como ela será organizada.

No Brasil há várias cidades planejadas. Uma delas é Brasília, capital do nosso país. O plano dessa cidade determinou o traçado das ruas, avenidas, praças e as áreas que seriam destinadas ao comércio, às moradias, ao lazer e às sedes dos três poderes (Executivo, Legislativo e Judiciário). O plano ficou conhecido como Plano Piloto.

Observe a fotografia abaixo, que mostra parte da cidade de Brasília atualmente.

Rubens Chaves/Pulsar Imagens

Vista aérea de trecho da cidade de Brasília (DF), em 2013. Observe as edificações – prédios residenciais, casas e estabelecimentos comerciais e de serviços – dispostas nas quadras. Note também o traçado das avenidas principais, que possibilita uma melhor circulação na cidade, os quarteirões organizados e a vegetação entre as construções.

1 **Quais aspectos da forma do espaço urbano dessa cidade podem indicar que ela foi planejada? Responda com base na observação da fotografia.**

2 **Na fotografia é possível observar áreas sem edificações, com árvores e gramados. Em sua opinião, elas são importantes para quem vive nas cidades? Por quê? Onde você vive, há espaços como esses?**

A disposição de ruas, avenidas, áreas gramadas (espaços livres) e dos locais onde estão as residências, o comércio e os espaços livres está relacionada ao modo como o espaço está sendo usado. Esses aspectos dizem respeito às formas das cidades, à ocupação do espaço urbano.

Observe, agora, as fotografias abaixo e converse com os colegas e o professor sobre as questões a seguir.

Zig Koch/Pulsar Imagens

Vista aérea de condomínio de alto padrão na cidade de Xangri-Lá (RS), em 2014.

Andre Dib/Pulsar Imagens

Vista aérea de trecho da cidade de Boa Vista (RR), em 2014. As avenidas de Boa Vista convergem para o Centro Cívico, onde estão prédios do poder público.

Tales Azzi/Pulsar Imagens

Vista aérea de casas populares e prédios de alto padrão na cidade de São Paulo (SP), em 2016.

3 Quais as cidades representadas nas fotografias?

4 Quais aspectos relacionados às formas de ocupação urbana você destaca em cada fotografia?

5 Qual fotografia retrata a desigualdade social?

Vamos retomar

1 Por que as cidades são polos de atração de pessoas? Será que todas as pessoas que moram nas cidades têm as mesmas condições de vida? Explique.

2 Leia os gráficos a seguir.

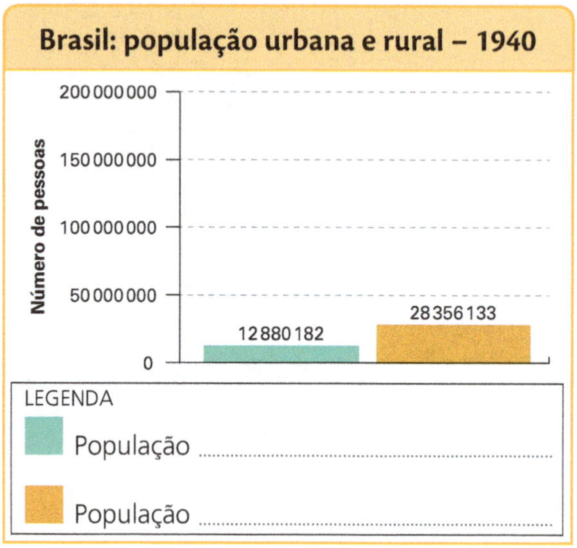

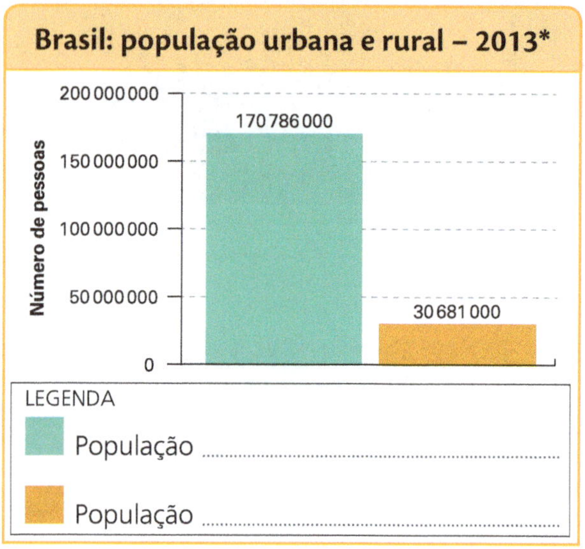

* Estimativa

Fonte dos gráficos: IBGE. **Dados históricos dos Censos**. Disponível em: <www.ibge.gov.br>; IBGE. **Pesquisa Nacional por Amostra de Domicílios (PNAD 2013)**. Tabela 1.1. Disponível em: <http://biblioteca.ibge.gov.br>. Acesso em: maio 2018.

a) Use as palavras **rural** e **urbana** para preencher corretamente os espaços em branco nas legendas.

b) Qual era, aproximadamente, o número de habitantes do Brasil em 1940? E em 2013?

c) O que explica o fato de a população urbana ter crescido em ritmo muito maior do que a população rural?

Autoavaliação

Vamos pensar sobre o que você aprendeu nesta unidade?
Marque com **X** a opção que melhor represente sua resposta a cada pergunta abaixo.

1. Você reconhece o que é urbanização e como esse processo ocorreu no Brasil?			
2. Você consegue analisar as relações entre campo e cidade?			
3. Você consegue analisar o êxodo rural no Brasil?			
4. Você reconhece as interligações entre cidades em mapas temáticos?			
5. Você identifica e consegue descrever alguns problemas sociais e ambientais urbanos?			
6. Você reconhece características de cidades planejadas e formas do espaço urbano?			

Sugestões

Para ler

Reprodução/Formato

- **Vida da gente**, de Fernando Bonassi. São Paulo: Formato, 2005.
  Nas crônicas reunidas neste livro, o autor retrata a realidade urbana brasileira por meio de temas como violência, desigualdade social e problemas ambientais.

Reprodução/Galera

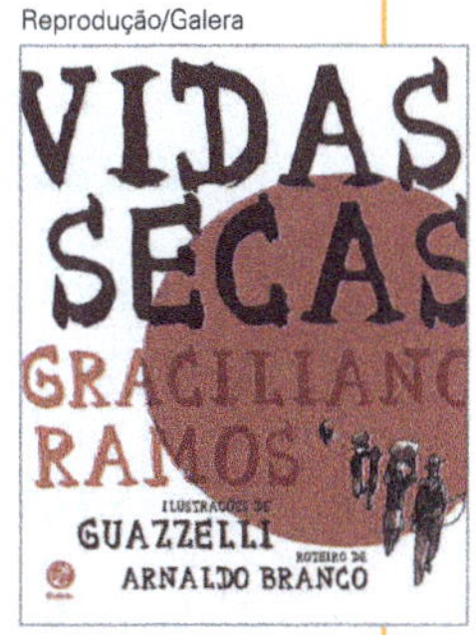

- **Vidas secas**, de Graciliano Ramos. São Paulo: Galera, 2015.
  A obra clássica de Graciliano Ramos, adaptada para quadrinhos por Arnaldo Branco e ilustrada por Guazzelli, conta a dura história de uma família de nordestinos que vaga em direção ao sul à procura de uma vida melhor.

Para acessar

- **Projeto Conexão Rural**. Disponível em: <www.youtube.com/watch?v=MzBtZc-38zA>. Acesso em: maio 2018.
  O vídeo apresenta o Projeto Conexão Rural e sua importância para ajudar os alunos a estabelecer relações entre o campo e a cidade.

UNIDADE

6 Trabalho no Brasil

kimberrywood/Shutterstock

Engenheira.

Alamy/Fotoarena

Cozinheiro.

Nesta unidade você vai:

- Identificar diferentes tipos de trabalho.
- Reconhecer a importância do trabalho doméstico.
- Descrever algumas causas do subemprego e do desemprego.
- Analisar algumas consequências do desenvolvimento tecnológico para o trabalho.
- Reconhecer o trabalho infantil como um problema e refletir sobre ele.
- Analisar diferentes tipos de gráfico.

1. Você gostaria de exercer alguma das atividades desenvolvidas pelos profissionais do mural de fotografias (imagem 1)? Por quê? Se não, qual profissão gostaria de exercer no futuro?

2. Em sua opinião, qual é a importância das profissões mostradas na imagem 1?

3. O que você observa na fotografia 2? Há relação dessa fotografia com a imagem 1?

4. As pessoas trabalham para atender a necessidades, como alimentação, moradia e lazer. Em sua opinião, esse é o único motivo pelo qual as pessoas trabalham? Explique sua resposta.

Fila de pessoas em busca de um emprego no município de Florianópolis (SC), em 2016.

Tipos de trabalho

Observe abaixo os anúncios de oferta de emprego.

Leia
O mundo do trabalho

Banco de imagens/Arquivo da editora

Vagas de emprego Qual emprego você procura? **Buscar**

Professor de Inglês 2 vagas

Atividades profissionais: atuar como professor de Inglês para grupo de adultos, adolescentes e crianças. Experiência e/ou qualificação: experiência no ensino de idiomas. Informações adicionais: morar na região. Regime de contratação: autônomo.

Lauro de Freitas – Bahia

Soldador 2 vagas

Atividades profissionais: montagem, soldagem, fabricação de máquinas e equipamentos e interpretação de desenho técnico. Experiência e/ou qualificação: experiência em solda. Regime de contratação: CLT.

Flores da Cunha – Rio Grande do Sul

Técnico agrícola 1 vaga

Atividades profissionais: fazer avaliação de pragas e doenças, análise de solo e folhas, regulagem e manutenção de máquinas agrícolas. Experiência e/ou qualificação: Ensino Técnico completo; necessário ter experiência com cultivo de grãos e cereais. Regime de contratação: CLT.

Lagamar – Minas Gerais

Enfermeiro 3 vagas

Atividades profissionais: atuar em rotina hospitalar, na comunicação entre médico, equipe e família. Experiência e/ou qualificação: experiência em hospitais; Ensino Superior completo em Enfermagem. Regime de contratação: CLT.

São Paulo – São Paulo

Vendedor externo 1 vaga

Atividades profissionais: atuar com venda de produtos no interior de Goiás. Treinar e incentivar lojistas para a venda de serviços voltados para TV. Experiência e/ou qualificação: experiência comercial, informática básica, facilidade em falar em público; Ensino Médio completo, Ensino Superior desejável. Disponibilidade para viagens. Regime de contratação: CLT.

Goiânia – Goiás

Agora, responda às questões abaixo com base nos anúncios da página ao lado.

1 **Há exigências para conseguir os empregos? Quais?**

....

....

2 **Classifique cada anúncio de acordo com o setor da atividade econômica ao qual pertence (agropecuária, indústria, comércio ou serviços).**

....

....

....

Atualmente, há grande variedade de tipos de trabalho no Brasil realizados nos diferentes setores da economia: agricultura, pecuária, extrativismo, indústria, comércio e serviços.

As pessoas podem ser funcionárias de empresas particulares ou públicas, instituições militares, órgãos e instituições do governo ou trabalhar por conta própria. Quem trabalha por conta própria é chamado **autônomo**. Observe os exemplos.

Fernando Favoretto/Criar Imagem

Policial rodoviário na rodovia Presidente Dutra, que liga o Rio de Janeiro a São Paulo, 2014. O policial rodoviário é um funcionário público.

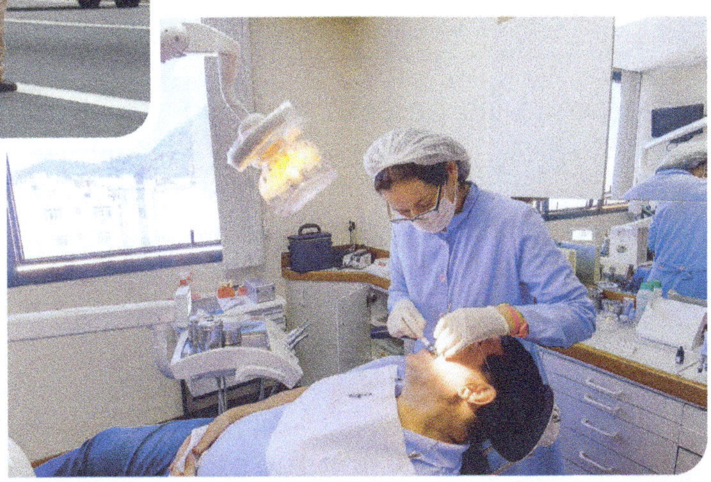

G. Evangelista/Opção Brasil Imagens

Dentista autônoma atendendo paciente em seu consultório, no município do Rio de Janeiro (RJ), 2014.

Nem todos os trabalhadores autônomos possuem qualificação profissional. Observe estes exemplos.

Luciana Whitaker/Pulsar Imagens

Vendedoras ambulantes de pipoca no Parque Moinhos de Vento, no município de Porto Alegre (RS), em 2016.

Ricardo Ribas/Tyba

Vendedor ambulante de roupas de praia, no município de Florianópolis (SC), em 2017.

3 Que tipo de trabalho está retratado nas fotografias? Onde ele acontece?

....

....

....

4 Você já viu pessoas fazendo esse tipo de atividade? Onde? Que produtos ou serviços estavam oferecendo?

....

....

....

5 Em sua opinião, por que essas pessoas estão trabalhando por conta própria?

Trabalho informal, subemprego e desemprego

Diante da dificuldade de encontrar emprego, muitos trabalhadores acabam realizando um **trabalho informal**, ou seja, que não está legalizado perante o poder público, não recolhem impostos, nem têm registro em carteira, com garantias trabalhistas, como o direito à aposentadoria remunerada no futuro.

Muitas vezes, eles vivem em situação de **subemprego**, isto é, não ganham o suficiente para lhes garantir condições dignas de vida, não possuem renda fixa ou local regular de trabalho. Situações de subemprego são comuns no espaço urbano. Mas será que o subemprego existe somente nas cidades?

Observe esta fotografia.

Delfim Martins/Pulsar Imagens

Trabalhadores rurais em colheita de cana-de-açúcar no município de Teresina (PI), em 2015.

Trabalhadores como os da fotografia, conhecidos como **boias-frias**, geralmente moram nas cidades e trabalham no campo. Recebem esse nome porque levam de casa a refeição (boia), que será comida fria no trabalho. Muitos deles são contratados somente em um período do ano, durante a colheita dos produtos agrícolas, e recebem o pagamento de acordo com a quantidade que colheram ou pelos dias trabalhados. Também não recebem nenhum tipo de garantia durante o trabalho; se ficam doentes ou se machucam, por exemplo, são despedidos. Ao final do período de colheita, esses trabalhadores são dispensados e ficam sem rendimento. Alguns procuram trabalho em outras regiões. Atividades rurais desse tipo são consideradas subemprego.

O trabalho informal e o subemprego muitas vezes são alternativas para o **desemprego**, que tem causas variadas. Observe as fotografias.

Ernesto Reghran/Pulsar Imagens

Colheita manual de café no município de Santa Mariana (PR), em 2016.

Leia

Quando meu pai perdeu o emprego

João Prudente/Pulsar Imagens

Colheita mecanizada de café no município de Campo do Meio (MG), em 2015.

Podemos citar como causas do desemprego a mecanização do trabalho, como o uso de colheitadeiras nas plantações, de robôs nas indústrias, de terminais de autoatendimento nos bancos, e a oferta de serviços via internet, que substituem um grande número de trabalhadores.

Outro fator que pode ser causa de desemprego é o baixo crescimento econômico. Isso ocorre quando as empresas investem menos nas atividades de produção e de geração de serviços e os consumidores têm menos dinheiro para comprar. Como consequência, as empresas produzem menos mercadorias e as vendas diminuem. Essa situação provoca a diminuição de muitos postos de trabalho, mas que são retomados com a volta do crescimento econômico.

Troca de ideias

1. **Que tipos de trabalho podem ser substituídos por máquinas? Por quê?**

2. **Quais as vantagens e as desvantagens dessa substituição?**

1 Leia os gráficos abaixo e depois responda às questões seguintes.

Brasil: produção de veículos entre 2000 e 2016

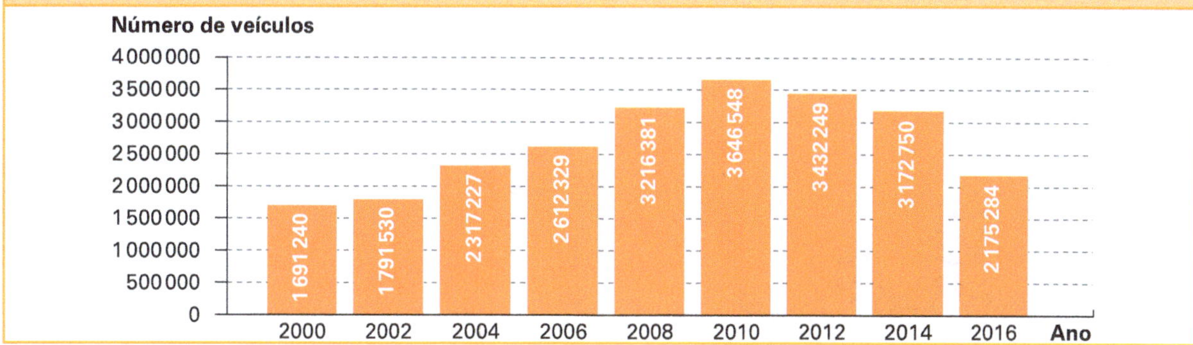

Banco de imagens/Arquivo da editora

Fonte: ANFAVEA. **Anuário da indústria automobilística brasileira, 2017**. p. 57. Disponível em: <www.virapagina.com.br/anfavea2017>. Acesso em: maio 2018.

Brasil: quantidade de trabalhadores na indústria automobilística entre 2000 e 2016

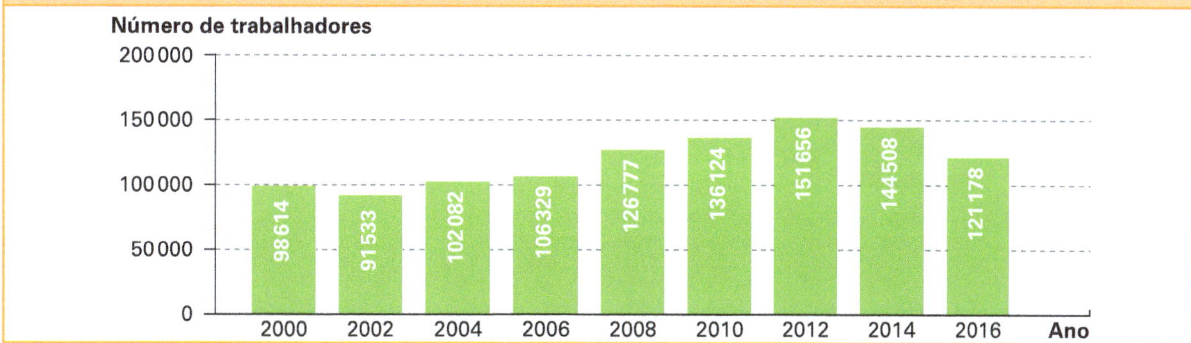

Banco de imagens/Arquivo da editora

Fonte: ANFAVEA. **Anuário da indústria automobilística brasileira, 2017**. p. 44. Disponível em: <www.virapagina.com.br/anfavea2017>. Acesso em: maio 2018.

a) A quantidade de veículos produzidos entre 2000 e 2016 aumentou ou diminuiu? Explique.

b) Qual foi a variação da quantidade de trabalhadores na indústria automobilística nesse período?

c) Em sua opinião, a que conclusão podemos chegar ao analisarmos o que aconteceu com a quantidade de veículos e de trabalhadores nesse período?

Ampliar horizontes

O trabalho doméstico

Observe o cartum.

MORETTINI, Sergio. Disponível em: <http://morettini.blogspot.com.br>. Acesso em: maio 2018.

1 O que a personagem está fazendo nessa cena?

2 Em sua opinião, o que o cartunista quis representar?

Muitos brasileiros exercem suas atividades em empresas ou como profissionais autônomos e também cuidam dos afazeres domésticos, como limpar a casa, lavar e passar a roupa, cozinhar e cuidar dos filhos.

Embora existam homens e mulheres que realizem essas tarefas, ainda hoje é maior o número de mulheres que cumprem essa "dupla jornada" de trabalho.

Dados da Pesquisa Nacional de Amostra de Domicílios (PNAD) de 2016 mostram que, em 2015, enquanto as mulheres que trabalhavam fora dedicavam cerca de 20 horas semanais ao trabalho doméstico, os homens dedicavam somente 10 horas.

3 Em sua opinião, por que o número de mulheres que realizam a "dupla jornada" de trabalho é maior que o número de homens?

Trabalho infantil

Com o surgimento das fábricas, no século XVIII, na Europa, aumentou muito a quantidade de crianças trabalhando. Não existiam leis que proibissem o trabalho infantil. No Brasil, até o começo do século XX, as indústrias também utilizavam crianças como operárias. De lá para cá foram criadas leis internacionais e brasileiras que proibiram o trabalho infantil.

Atualmente, no Brasil, o trabalho é proibido por lei para menores de 14 anos. Adolescentes maiores de 14 anos podem trabalhar como **aprendizes**, mas não em atividades que ofereçam risco à vida ou à saúde.

aprendiz: menor trabalhador em situação legal, cuja atividade deve respeitar determinados critérios, como: proibição ao trabalho noturno; máximo de 8 horas trabalhadas, desde que tenha o Ensino Fundamental completo; frequência à escola, entre outros.

Será que a lei é respeitada? Observe a fotografia.

Luciana Whitaker/Pulsar Imagens

Criança trabalhando no comércio ambulante na cidade do Rio de Janeiro (RJ), em 2014.

Em 2014, aproximadamente 3,3 milhões de crianças e adolescentes entre 5 e 17 anos trabalhavam no Brasil, de acordo com o IBGE.

Embora esse número ainda seja muito grande, ele vem diminuindo. Várias ações de instituições internacionais, organizações não governamentais (ONGs) e do governo brasileiro têm contribuído para essa diminuição, com programas para manter as crianças na escola e longe do trabalho. A criação do Estatuto da Criança e do Adolescente (ECA), pelo governo brasileiro, em 1990, é um exemplo.

Troca de ideias

1. Em sua opinião, por que é importante manter as crianças na escola e longe do trabalho?
2. Em sua opinião, de quem é a responsabilidade de cuidar para que as crianças estudem e não trabalhem?

A luta contra o trabalho infantil

Uma das instituições que lutam contra o trabalho infantil é o Fundo das Nações Unidas para a Infância (Unicef), criado pela **Organização das Nações Unidas (ONU)** e que protege e ajuda crianças do mundo todo. O Unicef está presente no Brasil desde 1950, promovendo campanhas de vacinação, aleitamento, combate ao trabalho infantil e outras ações que proporcionam uma vida melhor às crianças e aos adolescentes brasileiros.

Conheça o anúncio de uma das campanhas promovidas pelo Unicef contra o trabalho infantil no Brasil.

Organização das Nações Unidas (ONU): organização internacional formada por 193 países (entre eles o Brasil), criada para defender os direitos humanos e melhorar as condições de vida das pessoas, entre outras ações.

Reprodução / Fórum Nacional de Prevenção e Erradicação do Trabalho Infantil

Cartaz criado em 2016 para a campanha do Fórum Nacional de Prevenção e Erradicação do Trabalho Infantil, que conta com o apoio da Organização Internacional do Trabalho (OIT) e do Unicef.

1 **Algumas ilustrações do cartaz representam as etapas de produção de uma camiseta. Relacione cada ilustração à etapa correspondente.**

- Cultivo da matéria-prima
- Confecção do produto
- Transporte do produto
- Produto final para consumo

Imagens: Reprodução / Fórum Nacional de Prevenção e Erradicação do Trabalho Infantil

2 Qual é a brincadeira infantil ilustrada no cartaz?

3 Em sua opinião, por que as etapas de produção de uma mercadoria e uma brincadeira infantil foram utilizadas como ilustrações do cartaz dessa campanha?

4 Agora, organizem-se em duplas e elaborem um cartaz promovendo o combate ao trabalho infantil. Lembrem-se de utilizar imagens e textos curtos, que chamem a atenção das pessoas. Depois, apresentem o cartaz aos colegas e ao professor.

Vamos falar sobre...

Direitos das crianças e trabalho infantil

Estudar, brincar, sonhar e descansar são alguns dos direitos de todas as crianças, fundamentais para o bom desenvolvimento da mente e do corpo. Por isso, eles devem ser preservados.

Sentem-se em roda e conversem sobre a relação entre os direitos das crianças e o trabalho infantil. Seguem alguns questionamentos que podem estimular a conversa.

- Por que algumas crianças trabalham?
- Vocês conhecem ou já viram crianças que trabalham?
- Como é a vida das crianças que trabalham?
- Como o trabalho prejudica essas crianças?
- Como podemos colaborar para eliminar o trabalho infantil em nosso país?

Hagaquezart Estúdio/Arquivo da editora

Outros tipos de gráfico

Você já viu alguns tipos de gráfico e aprendeu que eles são importantes recursos para visualizar e interpretar dados e informações.

Conheça agora outros tipos de gráficos. Eles apresentam alguns dados sobre o trabalho infantil no Brasil.

- **Gráfico de colunas comparativo**

Nesse tipo de gráfico, é possível comparar dados de anos diferentes, como no exemplo ao lado.

Brasil: crianças e adolescentes entre 10 e 13 anos que trabalham, por grandes regiões (em %) – 2013 e 2015

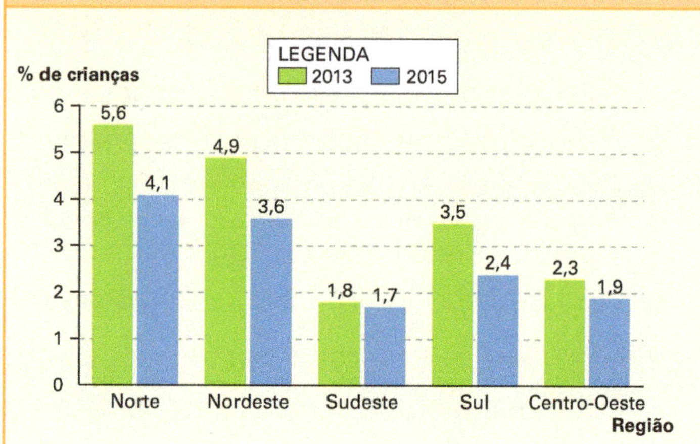

Fonte: IBGE. **PNAD 2016**. Gráfico 3.6. p. 42. Disponível em: <http://biblioteca.ibge.gov.br>. Acesso em: maio 2018.

- **Gráfico de linha**

Esse tipo de gráfico é formado por uma linha, construída a partir da união de pontos que representam os dados. Ele geralmente é utilizado para mostrar o comportamento de um fenômeno ao longo de um período de tempo. Leia o exemplo ao lado.

Brasil: crianças e adolescentes entre 5 e 17 anos que trabalham – 1993-2014

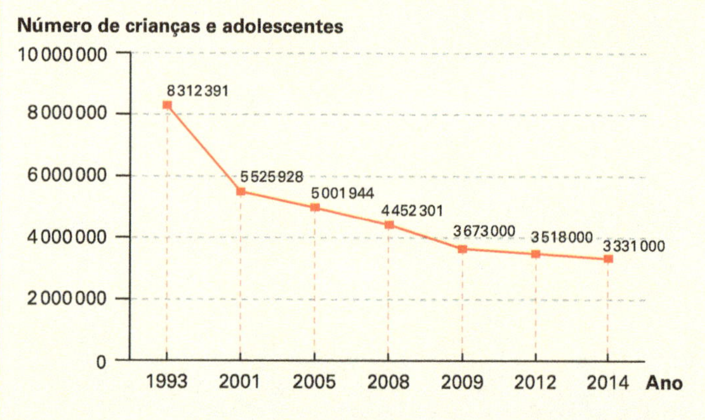

Fonte: IBGE. **PNAD 2015**. Gráfico 33. p. 63. Disponível em: <http://biblioteca.ibge.gov.br>. Acesso em: maio 2018; Organização Internacional do Trabalho (OIT) Brasil. Disponível em: <www.oitbrasil.org.br>. Acesso em: maio 2018.

- **Gráfico pictórico**

Esse gráfico pode assumir a forma de qualquer tipo de gráfico (de colunas, de barras, de setores ou de linhas), mas sua construção deve incluir desenhos referentes ao assunto, que atraem a atenção do leitor, e indicar uma proporcionalidade. Observe.

Brasil: crianças e adolescentes entre 5 e 17 anos que trabalham, por faixa de idade – 2014

Fonte: IBGE. **PNAD 2015**. Gráfico 33. p. 63. Disponível em: <http://biblioteca.ibge.gov.br>. Acesso em: maio 2018.

1. Leia o gráfico de colunas comparativo e responda:

   a) Havia alguma região brasileira em que a mão de obra infantil não era utilizada em 2015? ....

   b) Em qual região brasileira havia maior porcentagem de crianças e adolescentes trabalhando em 2013? E em 2015? ....

2. A que conclusão sobre o trabalho infantil e adolescente podemos chegar observando o gráfico de linhas? Como você concluiu isso?

....

....

3. Em qual gráfico podemos obter informação sobre a faixa etária que apresenta o maior número de crianças e adolescentes trabalhando no Brasil?

....

4. Em qual faixa etária há maior número de crianças e adolescentes trabalhando? De acordo com a lei brasileira, pessoas nessa faixa etária podem trabalhar? Converse com os colegas e o professor.

Vamos retomar

1 Leia abaixo um fragmento da Declaração Universal dos Direitos Humanos, adaptada por Ruth Rocha.

> Todas as pessoas têm direito ao tipo de trabalho que preferirem, e a boas condições de trabalho.
>
> Todos devem receber remuneração igual, quando fazem o mesmo trabalho, e devem ganhar o suficiente para saúde, alimentação e vestuário.
>
> ROCHA, Ruth; ROTH, Otávio. **Declaração Universal dos Direitos Humanos**. São Paulo: Salamandra, 2014.

- Em sua opinião, o texto apresenta direitos que são garantidos a todas as pessoas no Brasil? Explique.

....

....

2 Observe e compare as fotografias a seguir.

1

Autor desconhecido/Acervo particular

Escritório na cidade de São Paulo (SP), em 1910.

2

Marcia Minillo/Olhar Imagem

Escritório na cidade de São Paulo (SP), em 2015.

- Quais mudanças você observa entre as fotografias em relação ao trabalho feminino e ao desenvolvimento tecnológico?

....

....

....

Autoavaliação

Vamos pensar sobre o que você aprendeu nesta unidade?

Marque com **X** a opção que melhor represente sua resposta a cada pergunta abaixo.

1. Você sabe identificar diferentes tipos de trabalho?			
2. Você consegue reconhecer a importância do trabalho doméstico?			
3. Você consegue descrever algumas causas do subemprego e do desemprego?			
4. Você é capaz de analisar algumas consequências do desenvolvimento tecnológico para o trabalho?			
5. Você reconhece o trabalho infantil como um problema no Brasil?			
6. Você sabe analisar diferentes tipos de gráfico?			

Sugestões

Para ler

- **O mundo do trabalho**, de Raul Lody (Org.) e Pierre Verger (Fotografias). São Paulo: Companhia Editora Nacional, 2009.

  Neste livro, as fotos do francês Pierre Verger revelam diversas atividades do mundo do trabalho, originárias do continente africano, que hoje fazem parte do cotidiano dos brasileiros.

Reprodução/Companhia Editora Nacional

- **Quando meu pai perdeu o emprego**, de Wagner Costa. São Paulo: Moderna, 2012.

  Neste livro você vai conhecer a história de quatro irmãos que levam uma vida cheia de mordomias, mas que veem tudo mudar quando o pai perde o emprego. Após a desventura, todos reconhecem na crise uma oportunidade de amadurecimento.

Reprodução/Moderna

UNIDADE

7 Direitos trabalhistas e condições de trabalho

Nesta unidade você vai:

- Identificar alguns dos direitos dos trabalhadores no Brasil.
- Reconhecer os desafios da mulher no mercado de trabalho.
- Reconhecer que o trabalho é um direito para a pessoa com deficiência.
- Refletir sobre as condições de trabalho e as desigualdades de rendimentos no Brasil.
- Reconhecer a permanência de trabalhos em condições semelhantes às de escravidão no Brasil.

1. Quais equipamentos ou vestimentas de trabalho os profissionais retratados nas fotografias estão utilizando? Qual é a importância deles para esses trabalhadores?
2. Você conhece algum direito dos trabalhadores brasileiros? Qual?
3. No seu dia a dia, onde você encontra mulheres trabalhando? Quais atividades elas desenvolvem?

1. Trabalhadores da construção civil, no município de Brejo Santo (CE), em 2015.
2. Pesquisadoras do laboratório de Anatomia e Fisiologia do Cafeeiro da Universidade Federal de Lavras (MG), em 2016. O trabalho delas contribui para a melhoria dos cafezais.

Delfim Martins/Tyba

Reprodução/Assessoria de Comunicação InovaCafé

Direitos do trabalhador

De acordo com a atual Constituição brasileira, todas as pessoas têm o direito de trabalhar e receber um pagamento, que não pode ser inferior a um **salário mínimo**.

Além do pagamento, há outros direitos garantidos por lei, como aposentadoria, décimo terceiro salário, férias remuneradas, descanso semanal, licença-maternidade e paternidade, seguro-desemprego, vale-transporte e fundo de garantia. No Brasil, esses direitos são assegurados ao trabalhador pelo registro na Carteira de Trabalho, que é feito pelo empregador.

Blend Images/Getty Images

A licença-maternidade e paternidade no Brasil é um direito previsto na Constituição. Ela permite que a mãe se ausente do trabalho por quatro meses (120 dias) e o pai por cinco dias após o nascimento do filho.

salário mínimo: valor mínimo que um trabalhador deve receber por seu trabalho, estipulado por lei, e que deveria garantir sua sobrevivência.

Toda pessoa que trabalha e tem registro em carteira é obrigada a fazer uma contribuição mensal de uma parte de seu salário ao Instituto Nacional de Seguridade Social (INSS), órgão do governo federal. É essa contribuição, feita ao longo dos anos, que dá ao trabalhador alguns direitos, como a aposentadoria. Trabalhadores autônomos também podem contribuir para o INSS para ter alguns direitos trabalhistas garantidos.

As pessoas que têm subempregos geralmente não contribuem mensalmente para o INSS, pois seus rendimentos costumam ser pequenos e incertos. Dessa forma, quando ficam idosas ou incapacitadas de trabalhar, não recebem nenhuma assistência do INSS.

Apesar de os direitos trabalhistas serem hoje uma realidade no Brasil, eles nem sempre existiram. Além disso, algumas vezes não são respeitados pelos empregadores. Para exigir seus direitos, os trabalhadores passaram a se organizar em **sindicatos**, que são associações formadas por trabalhadores que exercem a mesma profissão ou que lutam por interesses comuns.

Remuneração

Será que todos os trabalhadores recebem remuneração suficiente para atender às suas necessidades? Leia a tabela, observe a charge e responda às questões a seguir.

Brasil: rendimento mensal por trabalhador – 2015

Salários mínimos recebidos	Porcentagem da população*
Até 1 salário mínimo	21%
De 1 a 2 salários mínimos	45%
De 2 a 3 salários mínimos	15%
De 3 a 5 salários mínimos	10%
De 5 a 10 salários mínimos	6%
De 10 a 20 salários mínimos	2%
Mais de 20 salários mínimos	1%

* Valores aproximados.

Fonte: IBGE. **PNAD 2015**. Disponível em: <http://biblioteca.ibge.gov.br>. Acesso em: maio 2018.

DEFASAGEM SALARIAL

Senna/Acervo do cartunista

SENNA. Disponível em: <http://oimparcial.uol.com.br/site/charges.php>. Acesso em: maio 2018.

1 Quantos salários mínimos recebe a maior parte dos trabalhadores do Brasil? Em cada 100 trabalhadores, quantos têm esse rendimento?

2 Quantos salários mínimos recebe a menor parte dos trabalhadores do Brasil? Em cada 100 trabalhadores, quantos têm esse rendimento?

3 Com base nesses dados, qual é a sua opinião sobre os rendimentos dos trabalhadores no Brasil?

4 Em sua opinião, qual faixa salarial da tabela serviria para representar o homem pequenino da charge acima? Por quê?

A mulher e o trabalho

Leia
Mirela e o Dia Internacional da Mulher

Observe as fotografias.

1

Luiz Carlos Murauskas/Folhapress

Presidente de grande empresa do setor de aviação comercial, no município de São Paulo (SP), em 2015.

2

G. Evangelista/Opção Brasil Imagens

Trabalhadora doméstica no município do Rio de Janeiro (RJ), em 2014. De acordo com a Organização Internacional do Trabalho (OIT), no mundo, de cada 100 trabalhadores domésticos, 80 são mulheres. No Brasil, esse número aumenta para 92.

3

Sergio Pedreira/Pulsar Imagens

Trabalhadora rural em colheita de sisal no município de Santaluz (BA), em 2015.

1 O que essas fotografias têm em comum?

....

....

Agora leia a notícia a seguir.

Pesquisa* mostra mais mulheres no poder nas empresas brasileiras

A presença de mulheres na presidência das empresas brasileiras aumentou de 2014 para 2015: foi de 5% para 11%. Embora ainda seja pouco, o fato de que, em cada 100 empresas, 11 são comandadas por mulheres agora, ante 5 um ano atrás, não é insignificante [...]

GOMES, Adriana Salles. Pesquisa mostra mais mulheres no poder nas empresas brasileiras, mas mitos atrapalham. **Estadão**. São Paulo, 8 mar. 2016. Disponível em: <http://economia.estadao.com.br>. Acesso em: maio 2018.

*Pesquisa do **International Business Report 2016**, realizada com 5 mil executivos em 36 países.

2 Quais informações o texto traz sobre a participação das mulheres no mercado de trabalho?

3 Em sua opinião, as informações da página anterior e do texto acima apresentam aspectos positivos ou negativos em relação à situação das mulheres no mercado de trabalho? Explique.

Embora tenham ocorrido mudanças importantes na situação da mulher brasileira no mercado de trabalho, ainda há muita desigualdade, por exemplo, nos rendimentos de homens e mulheres. Observe isso no gráfico a seguir.

Brasil: rendimento médio mensal de homens e mulheres no Brasil – 2005-2015

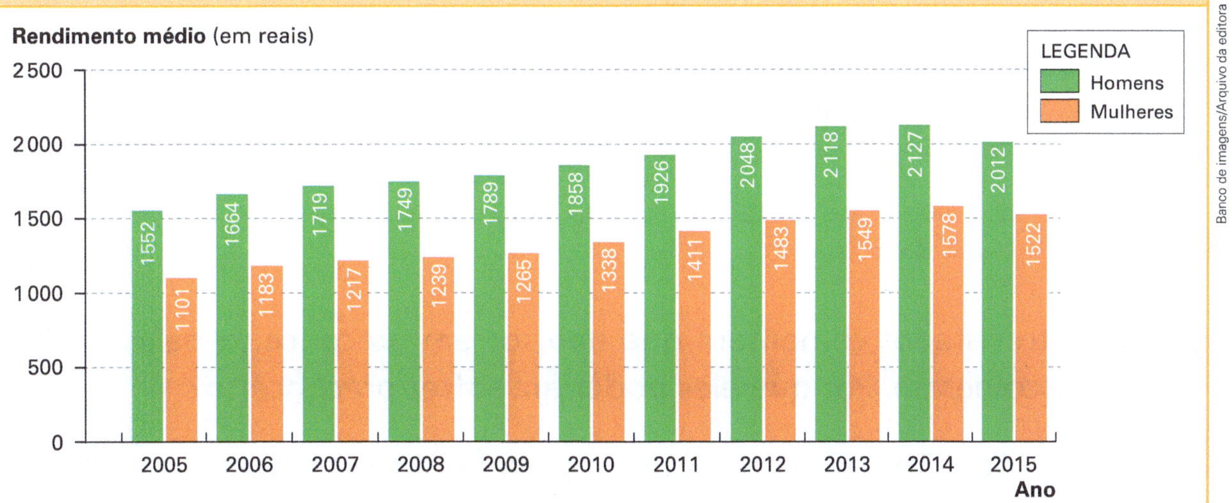

Fonte: IBGE. **PNAD 2016**. Gráfico 5.6. p. 78. Disponível em: <http://biblioteca.ibge.gov.br>. Acesso em: maio 2018.

Ampliar horizontes

Trabalho de homem e trabalho de mulher?

Leia este trecho de uma reportagem.

[...] Geralda S. nunca fugiu de serviços pesados. Criada no campo, ela já trabalhou em carvoaria e, há cerca de dez anos, é jardineira autônoma no cemitério Campo do Bom Pastor, em Uberlândia. Da jardinagem, ela retira o sustento dos cinco filhos. Mas a renda ganhou reforço depois que ela foi aprovada no concurso que a tornou coveira. "Eu sempre achei que não tem serviço de homem e serviço de mulher, existe serviço e coragem de trabalhar", disse.

Ainda segundo Geralda S., muita gente se assusta com a nova profissão dela, porém a família acha normal e ela nunca se sentiu discriminada por ser empregada para atividades braçais. [...]

[...] o manicuro Amador E. S. Neto, chamado de Neto, de 22 anos, cuida e dá cor às unhas de clientes há sete anos. Segundo ele, tudo começou quando a proprietária de um salão ao lado do seu antigo emprego, uma distribuidora de bebidas, pedia para auxiliá-la no tempo ocioso. [...]

De acordo com o manicuro, nunca houve **preconceito** por ele ser um homem que faz as unhas de mulheres. "As clientes até preferem em determinadas situações", disse. Neto pretende abrir um espaço exclusivo para exercer a profissão que escolheu. [...]

FELICIANO, João P. Homens e mulheres invertem os papéis no mercado de trabalho da atualidade. **Correio de Uberlândia**. Uberlândia, 1º set. 2013. Disponível em: <www.correiodeuberlandia.com.br>. Acesso em: maio 2018.

preconceito: atitude ou sentimento negativo, ou mesmo de rejeição, em relação a outras pessoas e grupos. Os preconceitos podem ser vários: em relação à religião, ao aspecto físico, à orientação sexual, entre outros.

1. De que trata esse texto?

2. Os entrevistados comentam que não sofrem preconceito pelas profissões que escolheram. Por que eles poderiam sofrer preconceito?

3. Em sua opinião, existem trabalhos para homens e trabalhos para mulheres? Justifique sua resposta.

Condições de trabalho

Além de ter o direito de trabalhar, todas as pessoas têm também o direito de usufruir de condições de trabalho seguras. Observe as fotografias.

Trabalhador aplicando agrotóxico para combater organismos que prejudicam a plantação da cana--de-açúcar, no município de Planalto (SP), em 2016.

Trabalhador fazendo manutenção da rede elétrica no município de São João de Meriti (RJ), em 2014.

1. Que atividades esses trabalhadores estão realizando?

....

....

2. O que eles estão usando para tornar o trabalho mais seguro?

....

....

3. O que poderia acontecer a esses trabalhadores caso não usassem equipamentos de segurança?

....

....

Nas atividades que envolvem riscos à saúde do trabalhador, como no manuseio de máquinas industriais ou de produtos tóxicos e no trabalho realizado em grandes alturas ou em minas subterrâneas, é obrigatório o uso de equipamentos de segurança. No entanto, é preciso ressaltar que em todos os tipos de trabalho os profissionais devem ter condições adequadas no ambiente em que desenvolvem suas atividades.

O trabalho e as pessoas com deficiência

Como vimos, todas as pessoas adultas têm o direito de trabalhar. Mas será que esse direito é garantido para as pessoas com deficiência?

Apesar de no Brasil existirem mais de 17 milhões de pessoas com deficiência em idade de trabalhar, apenas 403 mil pessoas trabalhavam formalmente em 2015, de acordo com informações do **Ministério do Trabalho**.

Ministério do Trabalho: órgão do governo federal responsável pelos assuntos relacionados ao trabalho e ao trabalhador no Brasil.

Pesquisas apontam que isso acontece porque algumas empresas têm resistência em contratar pessoas com deficiência, mesmo quando são capacitadas. Além disso, as empresas apontaram dificuldades de encontrar profissionais com deficiência que tenham a capacitação necessária para ocupar a vaga. Muitas empresas também não contratam por alegarem que o custo de adaptação do local de trabalho é alto.

Para tentar mudar essa situação, em 1991 foi criada uma lei no Brasil que obriga toda empresa com mais de 100 funcionários a empregar pessoas com deficiência. De acordo com essa lei, as empresas que têm essa obrigação devem destinar de 2% a 5% de suas vagas de emprego a pessoas com deficiência. Ainda assim, muitas pessoas com deficiência trabalham informalmente, sem a garantia dos direitos trabalhistas.

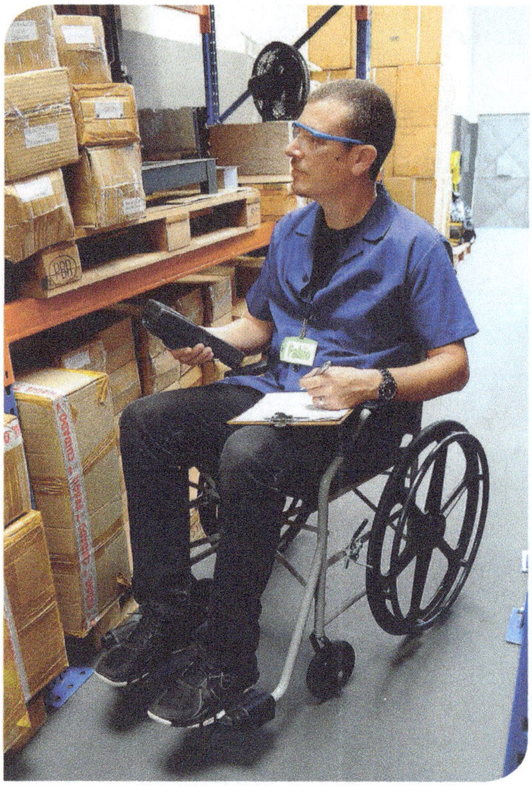

Fernando Favoretto/Criar Imagem

Pessoa com deficiência trabalhando em depósito de indústria metalúrgica, no município de São Paulo (SP), em 2013.

Troca de ideias

- **Na sua opinião, é importante que as pessoas com deficiência tenham acesso ao mercado de trabalho? Por quê?**

Como você percebeu, as pessoas com deficiência precisam superar muitas dificuldades para trabalhar. Leia a seguir o depoimento de uma procuradora do município de Fortaleza (CE).

"Com um ano, tive **poliomielite** [...]. Fiquei muito fragilizada, mas ainda consegui andar, só não posso subir degraus ou correr. Quando ingressei no mercado de trabalho, aos 21 anos, tinha de subir e descer escadas com o auxílio de outros colegas, porque os dirigentes da empresa não tiveram a sensibilidade de me colocar nos andares inferiores. Meu irmão me levava de carro todos os dias, porque a cidade era totalmente inacessível. Ficou mais fácil quando me tornei procuradora do município de Fortaleza [...]. O prédio era acessível, com rampa e elevadores [...]. Difícil mesmo são os relacionamentos, porque muitas pessoas ainda me tratam como coitadinha."

poliomielite: doença que pode causar perda da força muscular dos membros, geralmente das pernas, entre outros sintomas.

CINCO deficientes contam como lidam com a hostilidade do mercado de trabalho. **UOL Equilíbrio**, 12 set. 2016. Disponível em: <http://universa.uol.com.br>. Acesso em: maio 2018.

Vamos falar sobre...

Pessoas com deficiência e mercado de trabalho

Para exercer uma profissão é preciso desenvolver habilidades necessárias a ela, estudando e praticando. Além disso, são necessárias oportunidades. No caso das pessoas com deficiência, somam-se a esses desafios a falta de acessibilidade, o preconceito e outras dificuldades. Converse com os colegas sobre a questão a seguir.

- **Nos lugares por onde você circula no dia a dia, você vê trabalhadores com deficiência?**

  a) Se sim, onde trabalham e quais atividades realizam? Eles utilizam algum recurso por causa de sua deficiência?

  b) Se não, que atividades essas pessoas poderiam realizar? Onde? Seria necessária alguma adaptação para tornar os locais acessíveis para trabalhadores com deficiência?

Conectando saberes

Trabalho escravo no Brasil atual

Acesse
Os direitos humanos

Você já sabe que a Lei Áurea, de 1888, proibiu o trabalho escravo no Brasil. Mas você sabia que, apesar de passados cerca de 130 anos dessa proibição, ainda existem no país pessoas que trabalham em condições semelhantes às do trabalho escravo? Conheça um pouco sobre esse assunto.

- **O que é trabalho escravo na atualidade?**

  As principais características do trabalho escravo são a falta de liberdade e o trabalho em situações degradantes. Atualmente, o trabalho escravo apresenta formas diferentes do que existia antes da Lei Áurea. A falta de liberdade é causada geralmente por uma dívida ilegal do trabalhador com o empregador (são descontados do salário gastos com transporte, alimentação, aluguel e ferramentas de trabalho e, assim, o trabalhador está sempre em dívida com o empregador). O trabalho em situação degradante corresponde àquelas situações que tiram a dignidade da pessoa, como muitas horas de trabalho por dia, falta de condições de higiene e de alimentação adequadas, além de maus-tratos.

- **Quem é o trabalhador escravizado?**

  Geralmente são pessoas que migram na busca de melhores condições de trabalho e de vida para suas famílias.

- **Onde o trabalho escravo é empregado?**

  O trabalho escravo é empregado em atividades econômicas no campo, entre elas a pecuária, a agricultura (principalmente nos cultivos de cana-de-açúcar, soja e algodão) e a produção de carvão vegetal. Nas cidades é encontrado principalmente na construção civil e nas confecções.

Ilustra Cartoon/Arquivo da editora

Banco de imagens/Arquivo da editora

Brasil: trabalho escravo – 2015

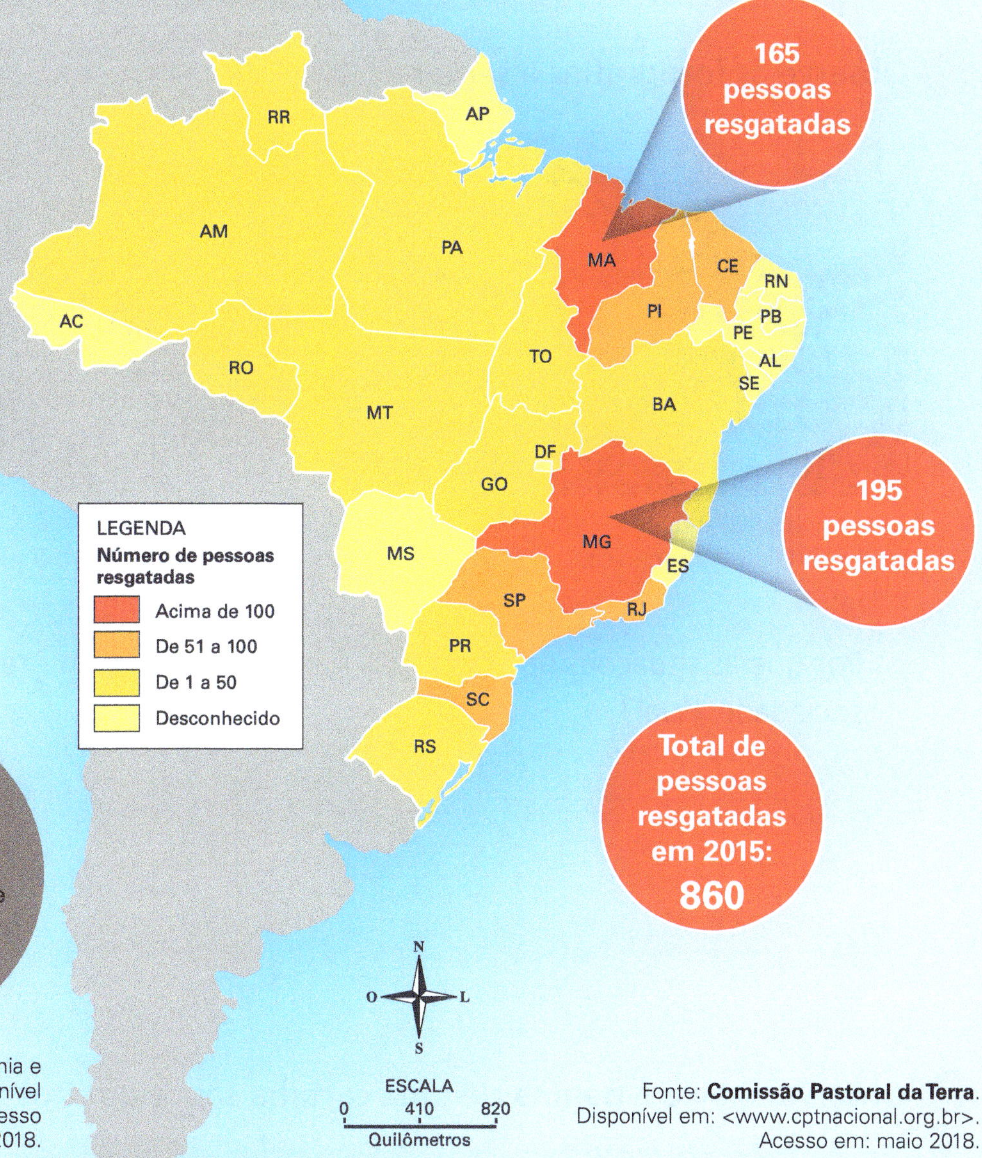

Fonte: **Comissão Pastoral da Terra**. Disponível em: <www.cptnacional.org.br>. Acesso em: maio 2018.

Local dos resgates

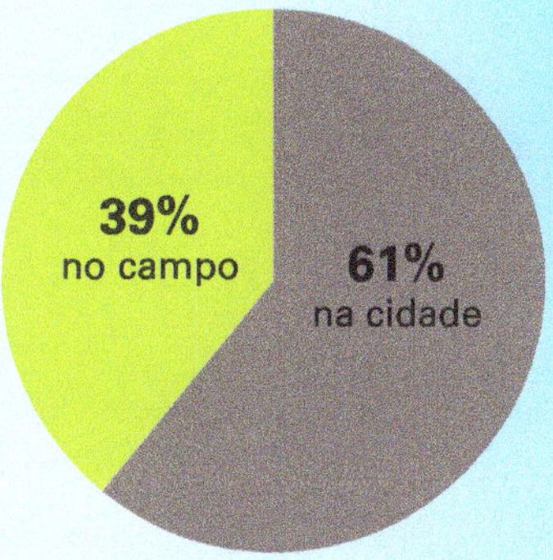

Fonte: **Portal Brasil**. Economia e emprego, 28 jan. 2016. Disponível em: <www.brasil.gov.br>. Acesso em: maio 2018.

1. Há relação entre a falta de emprego, o subemprego e o trabalho escravo? Explique.

2. Façam uma pesquisa sobre o combate ao trabalho escravo no Brasil. Pesquisem a existência de leis sobre o assunto e outras formas de ajuda ao trabalhador submetido a essa condição. Organizem as informações em um cartaz. Não se esqueçam de informar a fonte dessas informações.

Vamos retomar

1 Observe as fotografias a seguir.

Raquel Cunha/Folhapress

Mulher presidente de rede brasileira de hotéis. Fotografia tirada no município de São Paulo (SP), em 2014.

Delfim Martins/Pulsar Imagens

Professor com deficiência trabalhando no município de Tucumã (PA), em 2016.

- Por que as situações apresentadas nas fotografias têm grande importância na sociedade atual?

....

....

....

....

2 Observe abaixo a página de uma cartilha sobre direitos humanos.

Ziraldo Alves Pinto/Acervo do cartunista

Extraído da cartilha **Os direitos humanos**, de Ziraldo. Disponível em: <www.turminha.mpf.mp.br>. Acesso em: maio 2018.

- Que mensagem essa página da cartilha traz?

Autoavaliação

Vamos pensar sobre o que você aprendeu nesta unidade?

Marque com **X** a opção que melhor represente sua resposta a cada pergunta abaixo.

1. Você identifica alguns direitos dos trabalhadores no Brasil?			
2. Você reconhece os desafios da mulher no mercado de trabalho?			
3. Você reconhece que o trabalho é um direito de pessoas com deficiência?			
4. Você refletiu sobre a existência de condições de trabalho precárias e a desigualdade de rendimentos no Brasil?			
5. Você reconhece a permanência de trabalhos em condições semelhantes às de escravidão no Brasil?			

Sugestões

Para ler

Reprodução/Editora Lacre

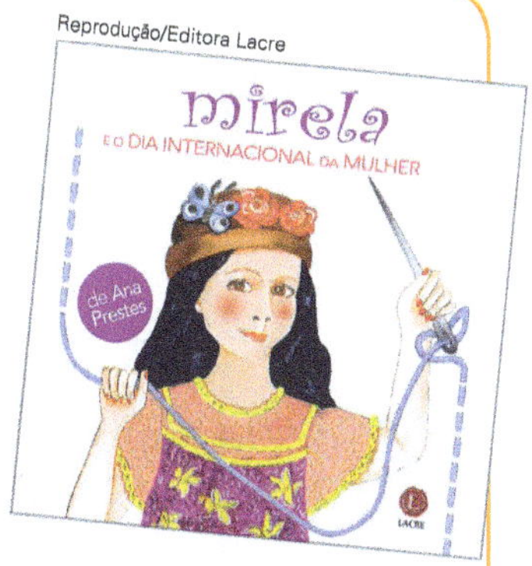

- **Mirela e o Dia Internacional da Mulher**, de Ana Prestes. Rio de Janeiro: Editora Lacre, 2016.

  Neste livro você vai conhecer a história de Mirela, uma menina de 8 anos que recebe na escola a tarefa de fazer uma pesquisa sobre o significado do Dia Internacional da Mulher.

Para acessar

Reprodução/Ziraldo

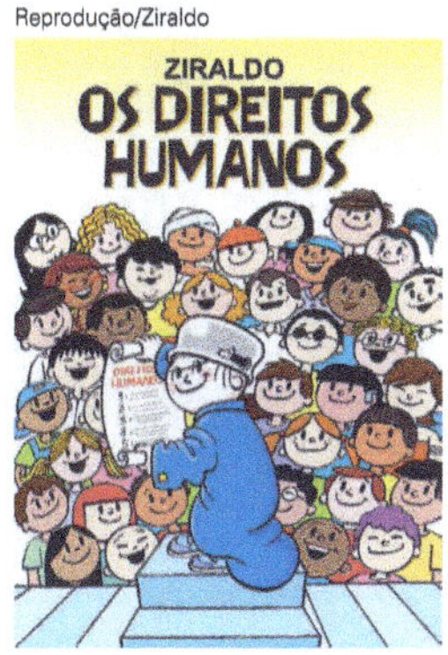

- **Os direitos humanos.** Disponível em: <www.turminha.mpf.mp.br/multimidia/cartilhas/CartilhaZiraldodireitoshumanos.pdf/view>. Acesso em: maio 2018.

  No *site* do Ministério Público Federal você encontra uma cartilha sobre os direitos humanos. O Menino Maluquinho, personagem do Ziraldo, vai ajudar você a entender que direitos são esses.

UNIDADE

8 O povo brasileiro – indígenas

Nesta unidade você vai:

- Reconhecer alguns aspectos da diversidade do povo brasileiro.
- Explicar o significado de miscigenação, cultura e etnia.
- Relacionar as migrações internas e seus impactos no estado onde vive.
- Refletir sobre o preconceito e a discriminação.
- Relacionar o processo de ocupação do território brasileiro pelo colonizador português com a situação dos indígenas na atualidade.
- Reconhecer a diversidade e a riqueza cultural dos povos indígenas no Brasil.
- Reconhecer a importância do território para as comunidades indígenas.

1. O que você observa nas fotografias?

2. Em sua opinião, as fotografias retratam a diversidade do povo brasileiro? Explique.

3. Os indígenas participaram da formação do povo brasileiro? Explique.

4. O Parque Indígena do Xingu é uma Terra Indígena. O que você sabe sobre Terras Indígenas?

1. Pessoas na movimentada rua 25 de março, na cidade de São Paulo (SP), em 2016.
2. Indígenas do povo Waurá dançando durante cerimônia de quebra de castanha do pequi, no Parque Indígena do Xingu (MT), em 2013.

1

Cris Faga/NurPhoto via Getty Images

2

Renato Soares/Pulsar Imagens

O povo brasileiro

Como você estudou na unidade 1, o povo brasileiro foi formado por diferentes povos, com diferentes culturas.

A **miscigenação**, isto é, a mistura entre as pessoas desses diferentes **grupos étnicos (ou etnias)**, determinou a presença de grande número de mestiços na população. Os mestiços são o resultado do encontro entre indígenas e europeus, indígenas e africanos, africanos e europeus, bem como entre todos esses e os asiáticos.

grupo étnico (ou etnia): conjunto de pessoas que têm as mesmas características socioculturais refletidas principalmente na língua, na religião, no modo de vida, nos costumes e nas tradições. É comum empregar o termo etnia como sinônimo de povo.

Essa miscigenação originou uma cultura rica e variada. Danças, costumes, festas, manifestações religiosas, comidas, vestuário, artesanato, arquitetura, formas de se relacionar com a natureza e vocabulário são algumas contribuições dos diferentes grupos que participaram da formação do povo brasileiro.

Marcelo Cortes/Fotoarena

Procissão em homenagem a Iemanjá, orixá das religiões afro-brasileiras, no município do Rio de Janeiro (RJ), em 2016.

Ampliar horizontes

Migrações, contribuições culturais e preconceito

Como você já estudou na unidade 4, o processo de industrialização no Brasil provocou grande deslocamento de pessoas do campo para a cidade. Essas migrações ocorreram dentro de um mesmo estado, mas também entre um estado e outro. São Paulo e Rio de Janeiro, estados que se desenvolveram mais em termos industriais, receberam muitos migrantes dos estados do Nordeste. As migrações que ocorrem dentro do próprio país são chamadas **migrações internas**.

Em outros períodos da História também houve outras migrações internas, como as que se relacionaram ao desenvolvimento da mineração nos séculos XVII e XVIII, no atual estado de Minas Gerais; à extração do látex para fabricação de borracha, entre o final do século XIX e início do século XX, na região Norte; e à expansão do cultivo do café no estado de São Paulo, entre a segunda metade do século XIX e a primeira metade do século XX, e posteriormente no Paraná. Isso contribuiu significativamente para a ampliação da riqueza cultural do Brasil. Observe a fotografia.

Lula Sampaio/Opção Brasil Imagens

O festival do município de Parintins (AM), que acontece em junho, é uma festa popular, na qual dois grupos se apresentam e competem (o Boi Caprichoso e o Boi Garantido). Ganha aquele que fizer a encenação mais bonita da lenda do boi-bumbá. As apresentações são acompanhadas de música, a toada, e usam temáticas regionais para contar a história do boi morto e ressuscitado. Essa lenda foi levada para a região amazônica pelos nordestinos que se deslocaram para lá para trabalhar na extração do látex. Na fotografia, apresentação do Boi Caprichoso, em 2016.

1 **O estado onde você vive recebeu influência cultural de pessoas de outras regiões? Explique quais fatores atraíram ou não essas pessoas.**

Preconceito e discriminação

Com esses processos migratórios, ocorreram e ocorrem interações culturais, mas também pode haver reações negativas de algumas pessoas à presença de costumes diferentes e de pessoas de outras origens. Essas reações podem ser provocadas também em razão de muitos estranharem a maneira de ser e de pensar de outros. Quando as pessoas não aceitam essas diferenças, surge o **preconceito**.

Quando uma pessoa considera sua cultura, condição social, ideias e jeito de ser superiores ou melhores que os dos outros, ela tende a **discriminar**, ou seja, excluir, inferiorizar ou mesmo humilhar os que são diferentes dela, seja por grupo étnico, religião, orientação sexual, seja pelo modo de pensar e de se expressar sobre determinado tema ou por outro motivo.

Leia o cartaz abaixo, produzido para a campanha contra o preconceito e a discriminação de moradores de favelas, exibido nos ônibus que circulavam pela cidade do Rio de Janeiro (RJ) em 2009, e o trecho de uma notícia. Depois converse com os colegas e o professor sobre as questões a seguir.

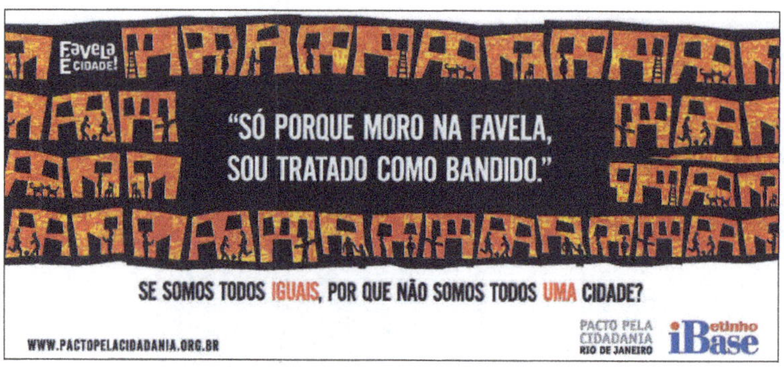

Reprodução/IBase

O objetivo da iniciativa [o cartaz] é incentivar a reflexão a respeito do preconceito que existe contra eles [os moradores da favela].

EXTRA, 1º jul. 2009. Disponível em: <http://extra.globo.com>. Acesso em: maio 2018.

1 Os textos do cartaz e da notícia citam um preconceito contra quem?

2 Muitas pessoas são discriminadas por vários motivos: cor da pele, religião, lugar de origem, modo de falar, entre outros. Você já sofreu algum tipo de discriminação? Já presenciou uma situação dessas?

3 Qual é o significado da frase: "Se somos todos **iguais**, por que não somos todos **uma** cidade?". Elabore uma resposta coletiva e anote-a no caderno.

Indígenas

A partir de 1500, as terras que hoje chamamos Brasil, que até então eram habitadas por diferentes povos indígenas, foram ocupadas e exploradas por colonizadores portugueses. Nelas eles desenvolveram atividades econômicas aproveitando os recursos naturais existentes, dando início ao processo de formação do território brasileiro. Ao longo desse processo, povos indígenas inteiros foram exterminados ou tiveram sua população drasticamente reduzida, apesar da resistência dos nativos. O contato com o colonizador trouxe muitas doenças, que foram fatais para os indígenas. Além disso, milhares foram mortos nos conflitos com os portugueses. De acordo com o Censo de 2010, feito pelo IBGE, havia 896917 indígenas no país.

Acesse

Povos indígenas no Brasil Mirim

Apesar de reduzida, a população indígena que habita o Brasil representa a maior diversidade de povos indígenas do mundo reunidos em um único país. São aproximadamente 250 etnias com mais de 150 línguas e cultura própria.

Mario Friedlander/Pulsar Imagens

Indígena da etnia Bororo na Aldeia Meruri, município de General Carneiro (MT), em 2015.

Edson Sato/Pulsar Imagens

Indígenas da etnia Yanomami na Aldeia do Demini, no município de Barcelos (AM), em 2012.

1 **Para conhecer um pouco mais sobre as diferentes etnias indígenas do Brasil, reúnam-se em grupos e montem um painel com fotografias de povos indígenas. Pesquisem informações e fotografias na internet e em jornais, revistas, folhetos e outros materiais que possam ser recortados. Identifiquem as fotografias, informando o povo e o costume retratados, e em que lugar do Brasil ele vive. Não se esqueçam de anotar no painel a fonte das fotografias e das informações. Fixem o painel no mural da sala de aula.**

Mistura de culturas

Todos os povos que entram em contato com outros têm sua cultura modificada.

Muitos elementos da cultura indígena foram assimilados pela sociedade não indígena: na culinária, em costumes, na língua, no artesanato, entre outros. O inverso também acontece: muitos grupos indígenas passaram a utilizar no seu dia a dia produtos como panelas, roupas, televisores, rádios, celulares e computadores, por exemplo.

Observe a fotografia abaixo. O que mais chama a sua atenção nela?

Renato Soares/Pulsar Imagens

Jovem da etnia Pataxó, da Aldeia Velha, em biblioteca do município de Porto Seguro (BA), em 2014.

Leia

Viagem ao mundo indígena

Atualmente, estima-se que ainda existam algumas poucas dezenas de grupos indígenas isolados, ou seja, que não mantêm contato com não indígenas. Eles vivem principalmente em áreas ocupadas pela Floresta Amazônica, na região Norte. Há poucas informações sobre eles, mas sabe-se que alguns desses grupos tiveram contato com não indígenas no passado, porém preferiram voltar a viver isolados.

Troca de ideias

1. Em sua opinião, indígenas perdem sua identidade ao utilizar tecnologias como o computador e a internet?
2. Como as tecnologias podem ser utilizadas para a preservação desses povos?
3. Em sua opinião, os indígenas que vivem isolados têm mais chance de preservar sua cultura? Explique.

Terras Indígenas

Você já estudou que as Terras Indígenas são territórios demarcados para usufruto dos povos indígenas. Agora, observe o mapa e descubra qual é a população das Terras Indígenas em cada estado brasileiro.

Brasil: população nas Terras Indígenas – 2012

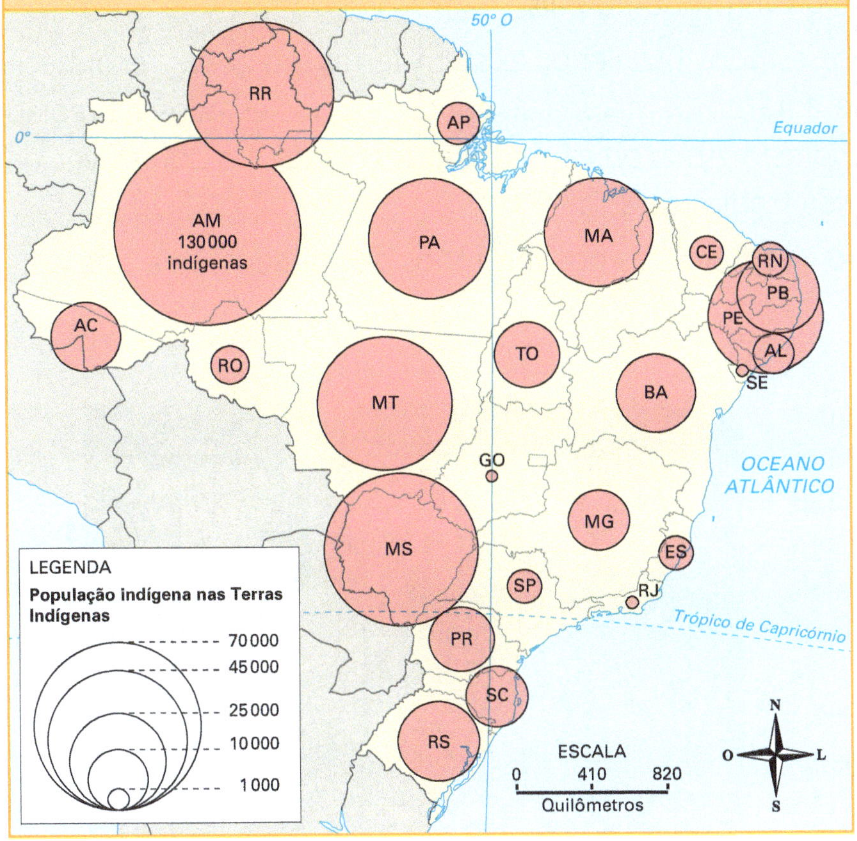

Banco de imagens/Arquivo da editora

Fonte: FERREIRA, Graça M. L. **Atlas geográfico:** espaço mundial. São Paulo: Moderna, 2013. p. 124; FUNAI. Disponível em: <www.funai.gov.br>. Acesso em: maio 2018 (Dado sobre o Rio Grande do Norte).

1. O que são Terras Indígenas?

....

....

2. Indique os três estados que têm a maior população em Terras Indígenas e os três estados que têm a menor.

....

....

3. Em sua opinião, por que há concentração significativa de população em Terras Indígenas na região Norte do Brasil?

Para os grupos indígenas, a sobrevivência e a possibilidade de manter seus modos de vida dependem, em grande parte, do estabelecimento de limites para as terras onde eles vivem, ou seja, da **demarcação de territórios**. A Fundação Nacional do Índio (Funai) é o órgão do governo federal responsável pela identificação e pela demarcação das Terras Indígenas no Brasil.

Há no Brasil cerca de 700 áreas denominadas Terras Indígenas. Essas áreas ocupam uma extensão de 13,8% do território do país.

Em praticamente todos os estados brasileiros existem Terras Indígenas reconhecidas – a exceção é o Piauí. No entanto, a maioria se concentra nos estados da região Norte, onde a presença da Floresta Amazônica permite aos indígenas sobreviver de acordo com seus modos de vida tradicionais.

Os indígenas, porém, não vivem apenas nos territórios delimitados. Leia o texto.

Onde estão?

[...] Há comunidades indígenas circulando por beiradões de rios, em cidades amazônicas e até em algumas capitais brasileiras. Isso acontece principalmente porque, para os povos indígenas, os espaços em que se mora, planta, caça ou caminha vão além das fronteiras criadas pelo homem branco. E porque ninguém deixa de ser índio por estar em uma região considerada urbana, fora das fronteiras definidas para suas terras. [...]

Fabio Colombini/Acervo do fotógrafo

Família indígena da etnia Guarani Mbya em supermercado da cidade de São Paulo (SP), em 2017.

INSTITUTO SOCIOAMBIENTAL. **Povos indígenas no Brasil Mirim**. Disponível em: <https://mirim.org/onde-estao>. Acesso em: maio 2018.

4 Qual é a importância das Terras Indígenas para os povos indígenas?

....

....

5 Há Terras Indígenas no estado onde você mora? Você já visitou uma? Se não, gostaria de conhecer alguma? Por quê?

Além de demarcadas, as Terras Indígenas precisam ser protegidas e fiscalizadas contra a invasão de **garimpeiros**, madeireiros e fazendeiros, que procuram se apropriar dessas terras para realizar atividades econômicas, como o extrativismo e a agropecuária. A prática de atividades econômicas que causam danos à natureza próximo às Terras Indígenas também vem alterando o ambiente que garante ao indígena a preservação do seu modo de vida.

garimpeiro: trabalhador que procura ouro, prata, pedras preciosas ou metais de grande valor, em rios ou no subsolo, e os retira de lá.

Movimento indígena

Por causa das ameaças à manutenção de sua cultura e modos de vida (degradação ambiental, invasão de suas terras, desrespeito e preconceito), os povos indígenas vêm se organizando e se fortalecendo ao longo dos anos, por meio de movimentos sociais e da participação na vida política, e envolvendo setores da sociedade não indígena.

Todas essas ações contribuem para fortalecer o movimento indígena em defesa de suas terras e cultura e são essenciais para a construção de uma sociedade mais democrática, em que haja mais participação e representação de todos os cidadãos.

Vamos falar sobre...

O indígena como protagonista

No Brasil, existem cursos para formar indígenas capacitados para dar aulas nas escolas indígenas. Observe a fotografia.

Nailana Thiely/ASCOM UEPA

Cerimônia de formatura da turma do curso de formação de professores indígenas da Universidade do Estado do Pará, no município de Belém (PA), em 2016.

- Em sua opinião, por que esses professores são importantes para as comunidades indígenas?

Amazônia Legal

A Amazônia Legal é uma porção territorial definida pelo governo brasileiro. Ela corresponde aproximadamente ao complexo regional da Amazônia, que você conheceu na unidade 2. Ela foi criada visando desenvolver áreas que apresentam os mesmos desafios políticos, econômicos e sociais.

Observe o mapa.

Amazônia Legal: Unidades de Conservação e Terras Indígenas – 2014

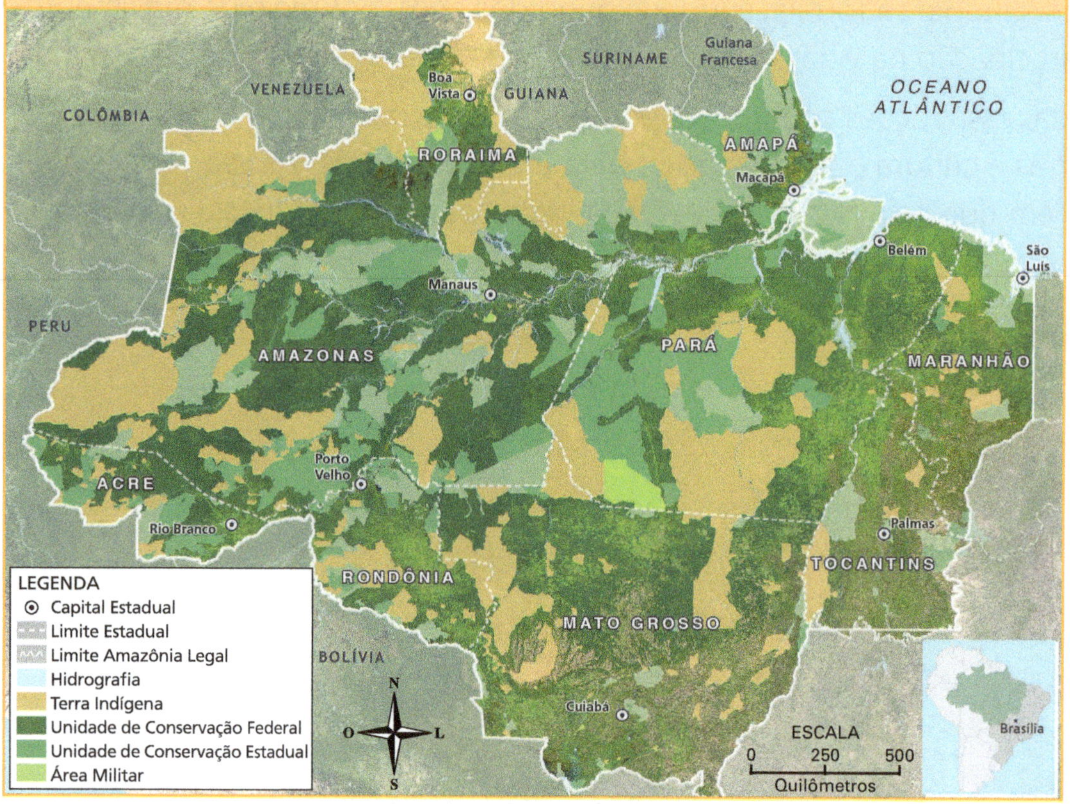

Fonte: **Imazon**. Disponível em: <http://imazon.org.br/mapas/>. Acesso em: maio 2018.

1. Quais estados fazem parte da Amazônia Legal?

....

....

2. Existem Unidades de Conservação federais e estaduais em todos os estados da Amazônia Legal? ....

3 Em que local há uma extensa área militar? ....

4 Utilizando seus conhecimentos de pontos cardeais e colaterais, indique a localização de três grandes áreas com Terras Indígenas em três estados.

....

....

Observe agora este mapa.

Amazônia Legal: desmatamento – 2011

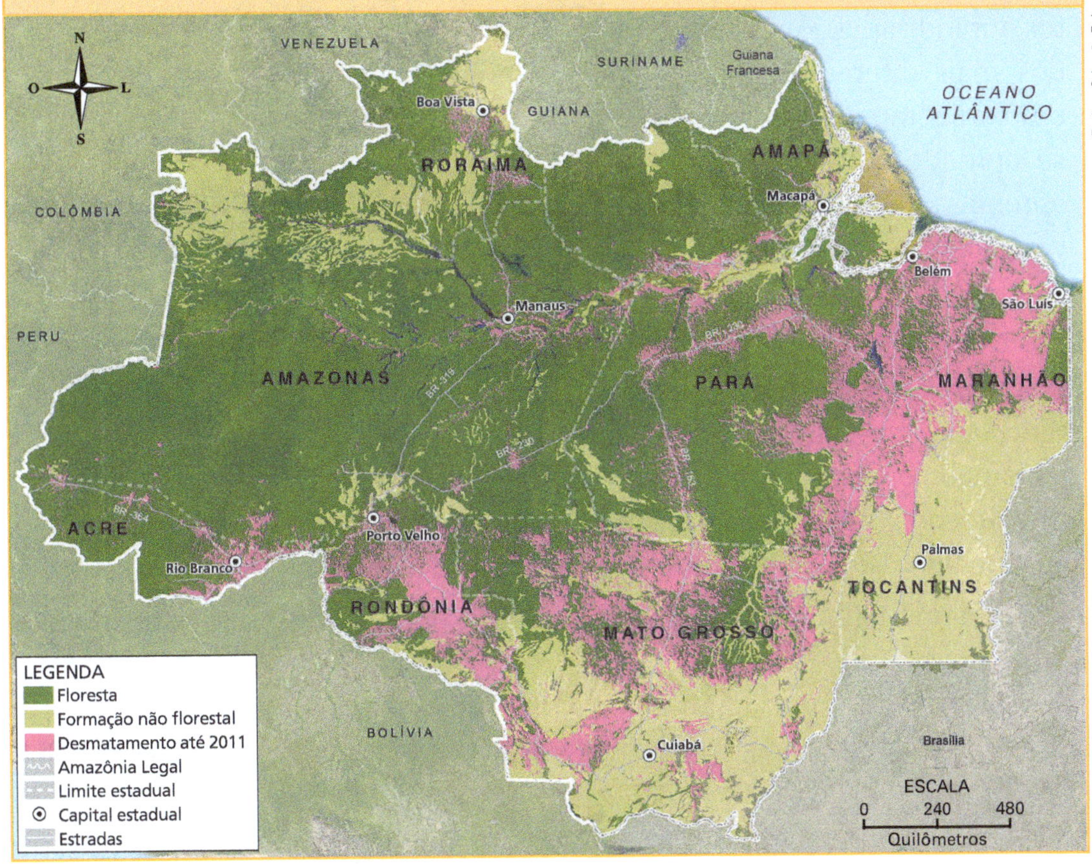

Fonte: **Imazon**. Disponível em: <http://imazon.org.br/mapas/>. Acesso em: maio 2018.

5 **O que mostram as áreas em rosa? E as áreas em verde-escuro?**

6 **Compare esse mapa com o da página anterior.**

a) O que se observa em relação às áreas de Terras Indígenas e à situação de conservação da vegetação?

b) O que podemos concluir a partir dessa constatação?

Vamos retomar

1 Você concorda que sem diversidade o mundo seria pouco enriquecedor? Por quê?

2 Leia o texto abaixo e responda às questões a seguir.

Jeitos de aprender

Ao longo de toda vida as pessoas passam por muitos aprendizados. Aprende-se dos mais diferentes jeitos e em vários momentos. O que se aprende e com quem se aprende também é muito diverso em cada lugar.

Fabio Colombini / Acervo do fotógrafo

Mulheres da etnia Guarani Mbya contam histórias sobre o milho às crianças da Aldeia Kalipety, no município de São Paulo (SP), em 2017.

As crianças indígenas, por exemplo, aprendem muita coisa com seus pais e parentes mais próximos, como os irmãos e os avós. Os conhecimentos podem ser transmitidos durante as atividades do dia a dia ou em momentos especiais, durante os rituais e as festas.

É principalmente na relação com seus parentes que as crianças aprendem. [...]

INSTITUTO SOCIOAMBIENTAL. **Povos indígenas no Brasil Mirim**. Disponível em: <https://mirim.org/como-vivem/aprender>. Acesso em: maio 2018.

a) Faça uma comparação com o seu modo de aprender e o modo exposto no texto.

b) Considerando o exposto no texto, e de acordo com o que você estudou na unidade, qual é a importância das Terras Indígenas?

Autoavaliação

Vamos pensar sobre o que você aprendeu nesta unidade?

Marque com **X** a opção que melhor represente sua resposta a cada pergunta abaixo.

1. Você reconhece alguns aspectos da diversidade do povo brasileiro?			
2. Você consegue explicar o significado de miscigenação, cultura e etnia?			
3. Você sabe relacionar as migrações internas e seus impactos no estado onde vive?			
4. Você é capaz de refletir sobre o preconceito e a discriminação?			
5. Você consegue relacionar o processo de ocupação do território brasileiro pelo colonizador português com a situação dos indígenas na atualidade?			
6. Você reconhece que os povos indígenas do Brasil são diversos e plurais em seus modos de vida e cultura?			
7. Você consegue reconhecer a importância do território para os indígenas?			

Sugestões

Para ler

Reprodução/Berlendis & Vertecchia

- **Viagem ao mundo indígena,** de Luís Donizete Benzi Grupioni. São Paulo: Berlendis & Vertecchia, 2006.

  Cinco histórias. Cinco grupos diferentes. Todos indígenas. Neste livro, você vai conhecer um pouco mais os povos indígenas e perceber que, apesar do contato com os não indígenas, eles mantêm sua cultura e tradições.

Para acessar

- **Povos indígenas no Brasil Mirim.** Disponível em: <https://mirim.org/pt-br>. Acesso em: maio 2018.

  Site do Instituto Socioambiental (ISA) dedicado a crianças e adolescentes. Nele você vai encontrar uma série de informações, fotografias e vídeos sobre os povos indígenas do Brasil.

UNIDADE

9 O povo brasileiro – afrodescendentes e imigrantes

Nesta unidade você vai:

- Reconhecer a importância de africanos e imigrantes para a formação do povo brasileiro.
- Reconhecer os quilombos como uma forma de resistência à escravidão.
- Reconhecer a luta dos descendentes de quilombolas pelo direito às terras – os territórios quilombolas – de seus antepassados.
- Identificar a permanência da desigualdade entre brancos e afrodescendentes e do preconceito contra os afro-brasileiros.
- Reconhecer algumas lutas e conquistas obtidas pelos afrodescendentes na sociedade brasileira.
- Descrever alguns aspectos do processo de imigração no Brasil.

1. Qual é o motivo da manifestação que aparece na fotografia 1? E na fotografia 2? Em sua opinião, por que esses eventos têm motivações tão diferentes?

2. Você sabe qual é a relação entre esses grupos e a formação do povo brasileiro?

3. Além dos italianos, você conhece outros grupos de imigrantes que vieram para o Brasil? Quais?

1

Bruno Herculano/Futura Press

Protesto contra o preconceito e a discriminação racial nas ruas da cidade de Vitória (ES), em 2014.

2

Desfile de famílias durante festival gastronômico nas ruas da cidade de Nova Veneza (SC), que comemora a imigração italiana, em 2017.

Mariana Eli/Mafalda Press/Folhapress

Os afrodescendentes

Como você estudou, diversos grupos étnicos participaram da formação do povo brasileiro, entre eles, alguns africanos.

Leia
A história do rei Galanga

Não há dados precisos, mas estima-se que ingressaram no Brasil cerca de 4 milhões de africanos escravizados entre os séculos XVI e XIX.

Eles vieram de várias regiões do continente africano, que hoje formam países como Angola, Congo, Moçambique, Guiné e Gana. Pertenciam a diferentes povos, mas a maioria era de dois grupos: bantos e sudaneses.

Até 1888, quando foi abolida a escravidão no Brasil, a principal mão de obra utilizada no país era a de pessoas escravizadas, sobretudo africanos e seus descendentes. Eles trabalhavam nas plantações, nos engenhos de cana-de-açúcar, nas casas dos senhores donos de propriedades, na mineração e em diversas atividades nos povoados e nas cidades. Observe a gravura ao lado.

X. A. V. E. Singer/Acervo particular

O feitor na plantação de açúcar, de X. Singer, c. 1881 (xilogravura de 11,4 cm × 9 cm). Esta gravura retrata o trabalho de negros escravizados no estado da Bahia.

Porém a condição de escravo não foi aceita passivamente. Uma das formas de resistência eram os **quilombos**, comunidades formadas principalmente pelos africanos e afrodescendentes escravizados que fugiam da opressão. Nos quilombos, eles plantavam, pescavam, caçavam e produziam os utensílios necessários para as atividades do dia a dia. Quando possível, comercializavam produtos nos povoados próximos.

Em quase todos os estados do Brasil ainda hoje existem áreas **remanescentes** dos quilombos, onde vivem os descendentes dos quilombolas (como eram chamados os moradores dos quilombos). Nelas, eles procuram manter costumes, danças, festas e práticas religiosas originárias da combinação de tradições africanas e portuguesas e, em alguns casos, indígenas também.

remanescente: que sobrou ou restou de algo.

A Constituição brasileira, de 1988, garante aos descendentes de quilombolas o direito às terras ocupadas por seus antepassados.

As comunidades remanescentes quilombolas – os territórios

Acesse

Comunidades quilombolas no Brasil

Leia o texto abaixo.

Comunidades quilombolas no Brasil

[...] Além dos quilombos constituídos no período da escravidão, muitos foram formados após a abolição formal da escravatura, pois essa forma de organização comunitária continuaria a ser, para muitos, a única possibilidade de viver em liberdade. De um modo geral, os territórios de comunidades remanescentes de quilombos originaram-se em diferentes situações, tais como doações de terras realizadas a partir da desagregação da lavoura de monoculturas, como a cana-de-açúcar e o algodão, compra de terras, terras que foram conquistadas por meio da prestação de serviços, inclusive de guerra, bem como áreas ocupadas por negros que fugiam da escravidão. [...]

Comunidades remanescentes quilombolas em números (2013)

2 197 comunidades reconhecidas oficialmente pelo Estado brasileiro [...]
207 comunidades tituladas (beneficiando 12 906 famílias)
Estimativa: 214 mil famílias (1,17 milhão de quilombolas)

BRASIL. Secretaria Nacional de Políticas de Promoção da Igualdade Racial. Secretaria de Políticas para Comunidades Tradicionais. **Guia de políticas públicas para comunidades quilombolas**. Brasília, 2013. Disponível em: <www.seppir.gov.br>. Acesso em: maio 2018.

Sergio Amaral/Olhar Imagem

Plantação de hortaliças na comunidade remanescente de quilombo Vila Nova, no município de Biritinga (BA), em 2015.

1 Quantas famílias quilombolas estima-se que existam no Brasil? E quantas famílias já foram beneficiadas com o título de propriedade da terra?

2 O que os números que você encontrou na resposta da atividade anterior revelam sobre a situação dos remanescentes de quilombos no Brasil?

E depois da abolição da escravidão?

A Lei Áurea, de 1888, não foi suficiente para mudar completamente a situação daqueles que eram escravizados no Brasil. A eles não foram dadas condições de obter empregos nem de adquirir terras para cultivar. Assim, a grande maioria de ex-escravos e seus descendentes não teve meios de garantir o sustento, vivendo em condições bastante precárias.

Apesar de os africanos e afrodescendentes terem papel fundamental no desenvolvimento das atividades econômicas do país, na cultura e na religiosidade do povo brasileiro, entre outras influências significativas, ainda hoje eles sofrem com o preconceito e a falta de igualdade de direitos e de oportunidades. Mesmo depois de mais de cem anos que a escravidão foi abolida no Brasil, há muito o que fazer para que ocorram melhorias significativas nas condições de vida dos afrodescendentes.

Os afrodescendentes estão entre os brasileiros que recebem os salários mais baixos e que têm menor tempo de escolaridade. De acordo com dados do IBGE, no final de 2016, enquanto a renda média de cada trabalhador afrodescendente era R$ 1 470,50, a da população branca era R$ 2 660,00. Leia os dados dos gráficos.

Brasil: porcentagem de pretos ou pardos e brancos no grupo dos mais pobres* – 2015

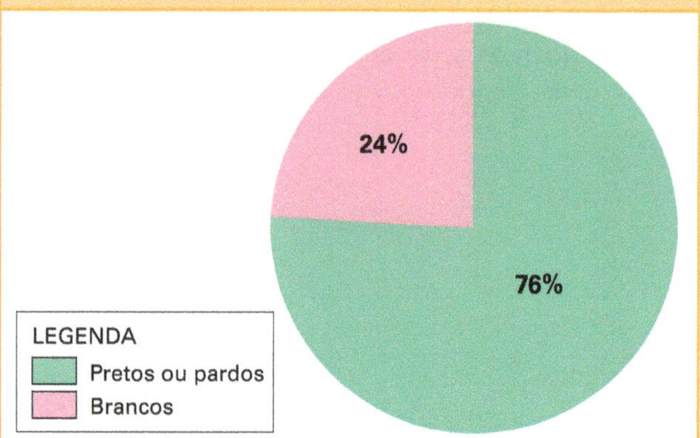

* Entre os 10% com menor rendimento familiar *per capita* da população brasileira.

Fonte: IBGE. Síntese de indicadores sociais. **Uma análise das condições de vida da população brasileira, 2016**. p. 96. Disponível em: <http://biblioteca.ibge.gov.br>. Acesso em: maio 2018.

Brasil: porcentagem de pretos ou pardos e brancos cursando Ensino Superior, na faixa entre 18 e 24 anos* – 2015

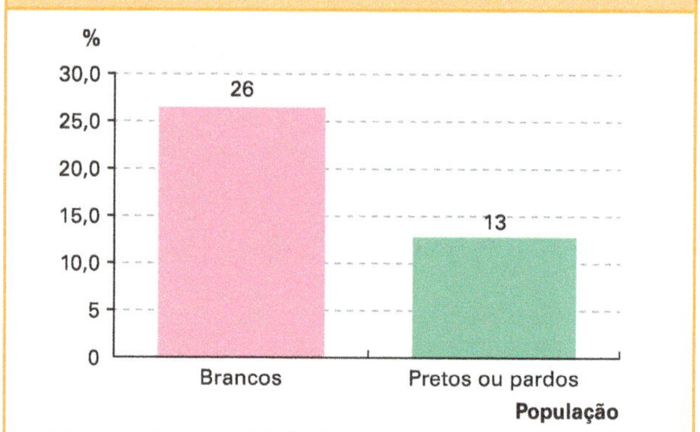

* Em cada grupo étnico, de acordo com a classificação do IBGE.

Fonte: IBGE. Síntese de indicadores sociais. **Uma análise das condições de vida da população brasileira, 2016**. p. 62. Disponível em: <http://biblioteca.ibge.gov.br>. Acesso em: maio 2018.

1 No grupo dos 10% mais pobres da população brasileira, qual o percentual de:

a) pretos ou pardos? ....

b) brancos? ....

2 Qual percentual da população de pretos ou pardos estava cursando ensino de nível superior, na faixa entre 18 e 24 anos? E da população branca?

3 O que os dados apresentados nos gráficos revelam?

Para reduzir essa diferença social entre brancos e afrodescendentes no Brasil e reparar os danos históricos causados aos afrodescendentes, o governo federal vem implementando algumas políticas de inclusão, como o sistema de cotas.

Essas políticas de inclusão social contribuíram, por exemplo, para um maior acesso da população afrodescendente à educação. Dados do IBGE mostram que, em 2005, 7,3% dos jovens afrodescendentes, entre 18 e 24 anos de idade, frequentavam a faculdade. Em 2015, esse percentual subiu para 12,8%. Apesar do avanço, a população afrodescendente ainda tem bem menos oportunidades de estudo que a população branca.

Vamos falar sobre...

Sistema de cotas

Em 2012 foi aprovada a **Lei de Cotas**. De acordo com ela, metade das vagas de universidades e institutos federais deve ser reservada aos estudantes que cursaram o ensino médio em escolas públicas e sejam de famílias de baixa renda.

Dentro dessa reserva, algumas vagas devem ser destinadas a estudantes que se declararem negros, pardos ou indígenas.

Rogério Padula/Futura Press

Estudantes reivindicam a adoção do sistema de cotas no vestibular da Universidade de São Paulo (USP) em manifestação na cidade de São Paulo (SP), em 2016.

- **Consulte duas pessoas: uma a favor e outra contrária ao sistema de cotas. Pergunte a cada uma por que é favorável ou contrária a esse sistema. Anote as respostas no caderno. Na sala de aula, converse com os colegas e o professor sobre as opiniões dos entrevistados.**

A discriminação racial, fruto do preconceito, é outro problema enfrentado pelos afrodescendentes no Brasil. Essa discriminação acontece quando uma pessoa não tem garantidos os mesmos direitos e oportunidades que outra por causa de sua cor de pele ou nacionalidade. Atualmente, a discriminação é considerada crime no Brasil.

As conquistas da população afrodescendente ocorreram após muita luta, por meio de movimentos negros com participação atuante na sociedade brasileira. Entre essas conquistas está o Estatuto da Igualdade Racial, de 2010. Essa lei tem por objetivo combater a discriminação racial e as desigualdades raciais que atingem os afro-brasileiros.

Rodrigo Castro/Factual Comunicação

Zica Assis (à esquerda) e Leila Velez em um de seus salões de beleza na cidade do Rio de Janeiro (RJ), em 2016. As empresárias são reconhecidas por terem criado uma rede de salões de beleza especializada em cabelos crespos e ondulados, características naturais de mulheres afrodescendentes. Em uma sociedade como a brasileira, em que os afrodescendentes são discriminados e as oportunidades de trabalho muitas vezes lhes são negadas, a história dessas empresárias tem grande relevância, sobretudo por serem mulheres.

Ubirajara Machado/Olhar Imagem

Manifestação de mulheres contra o racismo em Brasília (DF), em 2015.

Manifestações culturais afro-brasileiras

Chamamos cultura afro-brasileira a todas as manifestações culturais do Brasil influenciadas pela cultura africana. Essa influência teve início no período colonial, com a vinda de africanos escravizados, e pode ser identificada na música, na culinária, nas festas, no vocabulário, na religiosidade e em muitos outros aspectos.

A umbigada, o jongo, o maracatu, o samba, o afoxé, o lundu e a capoeira, praticados em vários locais do Brasil, são exemplos de ritmos, danças e celebrações afro-brasileiras.

Cesar Diniz/Pulsar Imagens

Roda de capoeira no município de Ruy Barbosa (BA), em 2014. A herança africana também se percebe em instrumentos como o atabaque e o berimbau, observados na fotografia.

Quando chegaram às terras brasileiras, os africanos foram proibidos de praticar seus rituais e forçados a aderir ao catolicismo (trazido pelos portugueses). Durante muito tempo, as pessoas que seguiam religiões da cultura africana foram perseguidas no Brasil. Para continuar praticando seus rituais, os africanos e seus descendentes misturaram aspectos das duas religiões. Para isso, associaram algumas divindades religiosas africanas (orixás) aos santos da Igreja católica. Atualmente milhões de brasileiros seguem religiões com forte influência daquelas praticadas pelos africanos escravizados.

Max Haack/Prefeitura de Salvador

Lavagem do Bonfim, no município de Salvador (BA), parte da festa do Bom Jesus do Bonfim, em que católicos e adeptos do candomblé homenageiam Jesus Cristo e Oxalá (divindades de cada religião). Fotografia de 2016.

Os imigrantes

Além dos colonizadores portugueses e dos africanos escravizados, vieram para o Brasil imigrantes de diversos países da Europa e da Ásia, que contribuíram para a formação do povo brasileiro. Esses imigrantes vieram sobretudo entre fins do século XIX e o início do século XX, após o final da escravidão e o começo da atividade cafeeira e da industrialização no país.

Entre o final do século XX e o início deste século, o Brasil tem recebido imigrantes de países africanos, entre eles Senegal, Angola e Nigéria, e de países latino-americanos, sobretudo do Haiti, da Bolívia e da Colômbia.

Os imigrantes trouxeram sua força de trabalho, seus costumes e suas tradições, alterando as paisagens e deixando nelas sua marca. Observe alguns exemplos.

Daniel Cymbalista/Pulsar Imagens

Construção típica alemã no município de Pomerode (SC). Fotografia de 2016.

Daniel Cymbalista/Pulsar Imagens

Mesquita no município de Curitiba (PR), local de culto para quem segue a religião islâmica. Fotografia de 2016.

Daniel Cymbalista/Pulsar Imagens

Festa da comunidade japonesa no município de São Paulo (SP), em 2016.

Vitor Marigo/Opção Brasil Imagens

Casarão colonial revestido de azulejos portugueses no município de São Luís (MA). Fotografia de 2014.

1 No lugar onde você vive é possível identificar influências de imigrantes? Quais são elas e quais suas origens?

2 Leia a tabela abaixo e depois responda no caderno às questões a seguir.

A imigração no Brasil – 1818-1998

Imigrantes	Número de pessoas	Período de entrada	Principais estados ou regiões onde se instalaram
Portugueses	1 726 732	1830-1979	Todo o Brasil
Italianos	1 595 474	1836-1959	São Paulo, Paraná e Rio Grande do Sul
Espanhóis	719 555	1841-1968	São Paulo
Alemães	295 140	1818-1959	Bahia, São Paulo e Sul
Japoneses	243 441	1908-1968	São Paulo e Norte
Ucranianos	200 000	1895-1947	Paraná e Rio Grande do Sul
Poloneses	54 078	1862-1968	Paraná e Rio Grande do Sul
Franceses	50 341	1842-1968	Sudeste, Pará e Maranhão
Coreanos	50 000	1963-1998	São Paulo
Libaneses	27 118	1926-1968	Sudeste e Bahia
Sírios	24 394	1892-1968	Sudeste e Sul
Dinamarqueses	4 029	1886-1968	Santa Catarina
Norte-americanos	3 000	1895-1960	São Paulo
Suíços	2 000	1819-1829	Rio de Janeiro

Fonte: **Os caminhos da Terra**. São Paulo: Peixes, ano 7, n. 4, abril de 1998. p. 72.

a) De quais países vieram os cinco grupos mais numerosos de imigrantes?

b) O estado ou a região onde você vive recebeu imigrantes? Quais?

Pesquisa: Influências culturais dos imigrantes no Brasil

O que pesquisar: influências culturais dos principais grupos de imigrantes: portugueses, italianos, espanhóis, alemães e japoneses. Considerem culinária, festas, tipos de construções, entre outros aspectos.

Como fazer: a classe será dividida em cinco grupos e cada um deve ficar responsável pela pesquisa de um dos grupos de imigrantes.

Onde pesquisar: em livros, enciclopédias, revistas, na internet e em casas de cultura. Selecionem textos curtos e fotografias representativas de cada grupo.

Para finalizar: apresentem o resultado, em forma de cartaz, produzido por cada grupo, para toda a turma.

Vamos retomar

1 Em duplas, revejam o que foi estudado sobre os afrodescendentes nesta unidade e indiquem:

a) duas ações do governo brasileiro em prol dos afrodescendentes.

b) duas situações que comprovam que ainda há desigualdade entre brancos e afrodescendentes no Brasil.

2 Leia a tabela a seguir.

Número de imigrantes que vieram para o Brasil entre 1884 e 1933

Nacionalidade	1884-1893	1894-1903	1904-1913	1914-1923	1924-1933	Total (1884-1933)
Alemães	22778	6698	33859	29339	61723	154397
Espanhóis	113116	102142	224672	94779	52405	587114
Italianos	510533	537784	196521	86320	70177	1401335
Japoneses*	—	—	11868	20398	110191	142457
Portugueses	170621	155542	384672	201252	233650	1145737
Sírios e turcos	96	7124	45803	20400	20400	93823
Outros	66524	42820	109222	51493	164586	434645
Total	883668	852110	1006617	503981	713132	3959508

*A imigração japonesa para o Brasil começou em 1908.

Fonte: IBGE. **Brasil 500 anos**. Disponível em: <http://brasil500anos.ibge.gov.br>. Acesso em: maio 2018.

- Agora, responda: Quais motivos provocaram uma grande imigração para o Brasil no período retratado na tabela?

Autoavaliação

Vamos pensar sobre o que você aprendeu nesta unidade?

Marque com **X** a opção que melhor represente sua resposta a cada pergunta abaixo.

1. Você reconhece a importância de africanos e imigrantes para a formação do povo brasileiro?			
2. Você reconhece os quilombos como uma forma de resistência à escravidão?			
3. Você reconhece a luta dos descendentes dos quilombolas pelo direito às terras de seus antepassados?			
4. Você identifica a permanência da desigualdade entre brancos e afrodescendentes e do preconceito contra os afro-brasileiros?			
5. Você reconhece algumas lutas e conquistas obtidas pelos afrodescendentes na sociedade brasileira?			
6. Você consegue descrever alguns aspectos do processo de imigração no Brasil?			

Sugestões

Para ler

- **A história do rei Galanga**, de Geranilde Costa e Claudia Sales. Fortaleza: Inpreto, 2011.

  Este livro conta a história de um rei que teve seu reino invadido e se tornou escravo nas terras do Brasil. Por meio dele você também vai conhecer uma parte do universo da cultura africana.

Reprodução/Inpreto

Para acessar

- **Comunidades quilombolas no Brasil**. Comissão Pró-Índio de São Paulo. Disponível em: <www.cpisp.org.br>. Acesso em: maio 2018.

  Este *site* apresenta diversas informações sobre comunidades quilombolas no território brasileiro, inclusive sobre a atuação de mulheres na causa quilombola e nas comunidades em diversos estados do Brasil.

Mundo: divisão política atual

Fonte: IBGE. **Atlas geográfico escolar**. 7. ed. Rio de Janeiro, 2016. p. 32.

Brasil: divisão política atual

Fonte: IBGE. **Atlas geográfico escolar**. 7. ed. Rio de Janeiro, 2016. p. 94.

BIBLIOGRAFIA

ALMANAQUE Brasil Socioambiental. São Paulo: ISA, 2008.
ALMEIDA, Rosângela Doin de. *Novos rumos da cartografia escolar*. São Paulo: Contexto, 2011.
______. *Cartografia escolar*. São Paulo: Contexto, 2007.
______; PASSINI, Elza Y. *O espaço geográfico*: ensino e representação. São Paulo: Contexto, 2008.
ARNT, Ricardo (Org.). *O que os economistas pensam sobre sustentabilidade*. São Paulo: Editora 34, 2010.
BOMFIM, Paulo Roberto Albuquerque; SOUSA NETO, Manoel Fernandes de. *Geografia e pensamento geográfico no Brasil*. São Paulo: Annablume; FFLCH; GEOPO-USP, 2010.
BRASIL. Ministério da Educação. *Base Nacional Comum Curricular*. Proposta preliminar. Terceira versão revista. Brasília, 2017. Disponível em: <http://basenacionalcomum.mec.gov.br/images/BNCCpublicacao.pdf>. Acesso em: maio 2018.
CACETE, Nuria Hanglei; PAGANELLI, Tomoko Iyda; PONTUSCHKA, Nídia Nacib. *Para ensinar e aprender Geografia*. São Paulo: Cortez, 2015.
CARVALHO, José Murilo de. *Cidadania no Brasil*: o longo caminho. Rio de Janeiro: Civilização Brasileira, 2001.
CASSETI, Valter. *Ambiente e apropriação do relevo*. São Paulo: Contexto, 1995.
CASTRO, Iná E.; GOMES, Paulo C. C.; CORRÊA, Roberto I. (Org.). *Geografia*: conceitos e temas. Rio de Janeiro: Bertrand Brasil, 2007.
CLAVAL, Paulo. *Terra dos homens*: a Geografia. São Paulo: Contexto, 2010.
CONTI, José B. *Clima e meio ambiente*. São Paulo: Atual, 2011.
FAZENDA, Ivani (Org.). *O que é interdisciplinaridade?* São Paulo: Cortez, 2008.
FELIPE, Carlos; MANZO, Maurizio. *O grande livro do folclore*. 2. ed. Belo Horizonte: Leitura, 2004.
FLORENZANO, Teresa Gallotti. *Imagens de satélite para estudos ambientais*. São Paulo: Oficina de Textos, 2002.
FUNARI, Pedro Paulo; PIÑON, Ana. *A temática indígena na escola*. São Paulo: Contexto, 2011.
FURLAN, Sueli Angelo; NUCCI, João Carlos. *A conservação das florestas tropicais*. São Paulo: Atual, 1999.
GIACOMOZZI, Gilio et al. *Descobrindo novas palavras*: dicionário infantil. São Paulo: FTD, 2005.
GIANSANTI, Roberto. *O desafio do desenvolvimento sustentável*. São Paulo: Atual, 1998.
GIMENEZ, Karen. *Os oceanos*. São Paulo: Atual, 2008. (Geografia sem fronteiras).
GONÇALVES, Carlos Walter Porto. *A globalização da natureza e a natureza da globalização*. Rio de Janeiro: Civilização Brasileira, 2006.
IBGE. *Atlas nacional do Brasil – Milton Santos*. Rio de Janeiro, 2010.
______. *Atlas geográfico escolar*. 7. ed. Rio de Janeiro, 2016.
KABENGELE, Munanga (Org.). *Superando o racismo na escola*. Brasília: MEC, 2005.
KEATING, Vallandro; MARANHÃO, Ricardo. *Caminhos da conquista*: a formação do espaço brasileiro. São Paulo: Terceiro Nome, 2008.
KIMURA, Shoto. *Geografia no ensino básico*. São Paulo: Contexto, 2011.
KOBIYAMA, Masato et al. *Prevenção de desastres naturais*: conceitos básicos. Curitiba: Organic Trading, 2006.
KUPSTAS, Marcia (Org.). *Trabalho em debate*. São Paulo: Moderna, 1997.
______. *Ecologia em debate*. São Paulo: Moderna, 1999.
MARTINELLI, Marcelo. *Gráficos e mapas*: construa-os você mesmo. São Paulo: Moderna, 1998.
MATTOS, Regiane Augusto. *História e cultura afro-brasileira*. 2. ed. São Paulo: Contexto, 2011.
MENDONÇA, Francisco; DANNI-OLIVEIRA, Inês Moresco. *Climatologia*: noções básicas e climas do Brasil. São Paulo: Oficina de Textos, 2007.
MONTEIRO, Carlos A. Figueiredo; MENDONÇA, Francisco. *Clima urbano*. São Paulo: Contexto, 2003.
MORAES, Antonio Carlos Robert. *Meio ambiente e ciências humanas*. São Paulo: Annablume, 2005.
REBOUÇAS, Aldo. *Uso inteligente da água*. São Paulo: Escrituras, 2004.
RIBEIRO, Wagner Costa. *Geografia política da água*. São Paulo: Annablume, 2008.
RODRIGUES, Arlete Moysés. *Moradia nas cidades brasileiras*. São Paulo: Contexto, 1991.
ROSE, Ricardo Ernesto. *Como está a questão ambiental?* Rio de Janeiro: Ciência Moderna, 2011.
ROSS, Jurandyr L. Sanches. *Ecogeografia do Brasil*. São Paulo: Oficina de Textos, 2006.
______ (Org.). *Geografia do Brasil*. 5. ed. São Paulo: Edusp, 2005.
SARAIVA infantil de A a Z: dicionário da língua portuguesa ilustrado. São Paulo: Saraiva, 2008.
SPOSITO, Eliseu. *A vida nas cidades*. São Paulo: Contexto, 1991.
VASCONCELOS, Pedro de Almeida; CORRÊA, Roberto Lobato; PINTAUDI, Silvana Maria. *A cidade contemporânea*: segregação espacial. São Paulo: Contexto, 2013.
VEIGA, José Eli da. *Para entender o desenvolvimento sustentável*. São Paulo: Editora 34, 2015.

LIGAMUNDO

GEOGRAFIA

ELIAN ALABI LUCCI
ANSELMO LAZARO BRANCO

CADERNO DE ATIVIDADES

NOME: ______________________________ TURMA: ________

ESCOLA: ______________________________

5º ano
Ensino Fundamental • Anos Iniciais

Editora Saraiva
São Paulo – 1ª edição – 2018

Editora Saraiva

Direção geral: Guilherme Luz
Direção editorial: Luiz Tonolli e Renata Mascarenhas
Gestão de projeto editorial: Tatiany Renó
Gestão e coordenação de área: Wagner Nicaretta (ger.) e Brunna Paulussi (coord.)
Edição: Simone de Souza Poiani
Gerência de produção editorial: Ricardo de Gan Braga
Planejamento e controle de produção: Paula Godo, Roseli Said e Marcos Toledo
Revisão: Hélia de Jesus Gonsaga (ger.), Kátia Scaff Marques (coord.), Rosângela Muricy (coord.), Ana Maria Herrera, Hires Heglan, Luciana B. Azevedo e Vanessa P. Santos
Arte: Daniela Amaral (ger.), Claudio Faustino (coord.), Felipe Consales (edição de arte)
Diagramação: MRS Editorial
Iconografia: Sílvio Kligin (ger.), Denise Durand Kremer (coord.), Daniel Cymbalista e Evelyn Torrecilla (pesquisa iconográfica)
Licenciamento de conteúdos de terceiros: Thiago Fontana (coord.), Luciana Sposito e Angra Marques (licenciamento de textos), Erika Ramires, Luciana Pedrosa Bierbauer, Luciana Cardoso e Claudia Rodrigues (analistas adm.)
Tratamento de imagem: Cesar Wolf e Fernanda Crevin
Design: Gláucia Correa Koller (ger.), Erika Tiemi Yamauchi Asato (capa e proj. gráfico) e Talita Guedes da Silva (capa)

Avenida das Nações Unidas, 7221, 1º andar, Setor A –
Espaço 2 – Pinheiros – SP – CEP 05425-902
SAC 0800 011 7875
www.editorasaraiva.com.br

2024
Código da obra CL 800663
CAE 628081 (AL) / 628083 (PR)
1ª edição
10ª impressão

Impressão e acabamento
Log&Print Gráfica, Dados Variavéis e Logística S.A.

Uma publicação SOMOS EDUCAÇÃO

Apresentação

Este é o seu Caderno de Atividades.

Nele, você vai encontrar mais desafios para ajudar a ampliar seus conhecimentos e os conteúdos tratados no livro.

Bom trabalho e vamos lá!

Macrovector/Shutterstock

SUMÁRIO

Hagaquezart Estúdio/Arquivo da editora

O Brasil

País, nação e território

1. **País** e **nação** são conceitos importantes para os estudos geográficos. Leia as frases a seguir. No quadrinho, escreva **P** para as definições correspondentes ao conceito de **país** e **N** para as definições relativas ao conceito de **nação**.

☐ É definido por limites, com população e governo próprios.

☐ É composta de um grupo de pessoas que, em geral, compartilham os mesmos costumes, a mesma língua, as mesmas crenças e tradições.

☐ Tem uma identidade, marcada por um conjunto de símbolos, sentimentos e uma história comum.

☐ É um território submetido ao poder do Estado.

2. Pesquise a fotografia de uma paisagem brasileira. Pode ser com predominância de elementos naturais ou de elementos culturais. Cole-a abaixo. Escreva uma legenda para a fotografia.

....

....

O território brasileiro

3 Observe o mapa abaixo e faça o que se pede.

a) Pinte o estado onde você vive da cor que preferir. Use a mesma cor para pintar o quadrinho correspondente na legenda.

Brasil: divisão política atual

Banco de imagens/Arquivo da editora

Fonte: IBGE. **Atlas geográfico escolar**. 7. ed. Rio de Janeiro, 2016. p. 90.

b) Agora, escolha um estado brasileiro que você gostaria de conhecer e pinte-o de uma cor diferente da que você usou no item anterior. Na legenda, pinte o quadrinho correspondente da mesma cor.

c) Escreva uma frase sobre o estado escolhido e explique por que você gostaria de conhecê-lo.

....

....

....

A diversidade na nação brasileira

4 **Complete as frases com as palavras do quadro a seguir.**

árabes	escravizados	indígenas
imigrantes	africanos	portugueses

a) Os .... já viviam aqui antes da chegada do colonizador português.

b) Os .... foram .... pelos colonizadores .... e trazidos à força para o território que hoje é o Brasil.

c) O Brasil também recebeu grande número de ....,

como italianos, japoneses e ....

5 **Como a diversidade cultural brasileira se manifesta no lugar onde você vive? Converse com alguém que more com você ou faça uma pesquisa para responder às perguntas a seguir. Anote suas respostas.**

a) Cite uma festa típica realizada no município onde você vive. Qual é a origem dela?

....

b) Que povos imigrantes fazem parte da história do município? Cite três exemplos.

....

c) Cite exemplos de costumes, tradições, ritmos, artesanato, culinária, entre outros, que são heranças de outros povos e estão presentes no município onde você vive.

....

....

Território e fronteira

6 Observe o mapa abaixo e faça o que se pede.

América do Sul: divisão política atual

Fonte: IBGE. **Atlas geográfico escolar**. 7. ed. Rio de Janeiro, 2016. p. 41.

a) No diagrama da página ao lado, encontre e circule o nome de sete países da América do Sul. Dica: há nomes escritos de trás para frente.

b) Em seguida, circule no mapa acima o nome dos países que você encontrou.

c) Desses países, quais fazem fronteira com o Brasil? Quais não fazem?

....

....

A	I	V	Í	L	O	B	L	Ã	Í
X	A	L	E	U	Z	E	N	E	V
G	Á	G	K	C	D	I	V	L	L
Ê	E	E	Q	U	A	D	O	R	R
U	U	R	U	G	U	A	I	I	W
C	H	I	L	E	L	A	G	K	T
O	U	A	I	B	M	Ô	L	O	C
S	U	R	I	N	A	M	E	E	F
S	H	U	U	E	Q	J	C	Y	E

7 Agora, compare o mapa a seguir com o mapa da página 8.

Brasil – 1889

Banco de imagens/Arquivo da editora

Fonte: GIRARDI, Gisele; ROSA, Jussara V. **Atlas geográfico**. São Paulo: FTD, 2016. p. 45.

- No ano citado no mapa, qual era a fronteira entre o Brasil e o Peru? E qual é a fronteira atualmente? Explique essa diferença.

....

....

....

O Brasil no mundo globalizado

8 Observe a ilustração a seguir.

Macrovector/Shutterstock

- Agora, com base na ilustração e no que você estudou sobre a globalização, faça **X** nas alternativas corretas.

☐ A globalização possibilitou maior integração entre pessoas, empresas e países do mundo.

☐ Com a globalização, diminuiu o comércio entre os países.

☐ Apenas as pessoas se deslocam entre as diferentes partes do planeta.

☐ O desenvolvimento dos meios de transporte e de comunicação, com destaque para a internet, tornou possível a intensa circulação de pessoas, de informações e de produtos entre os países.

☐ Uma parcela grande de pessoas no mundo não está incluída no processo de globalização, pois nem todas têm acesso aos recursos tecnológicos que permitem conexão com a internet.

Governo brasileiro e divisão regional

Governo brasileiro

1 **Como você já estudou, a sede do governo federal fica em Brasília.**

a) No diagrama abaixo, escreva o nome dos três poderes que formam o governo federal.

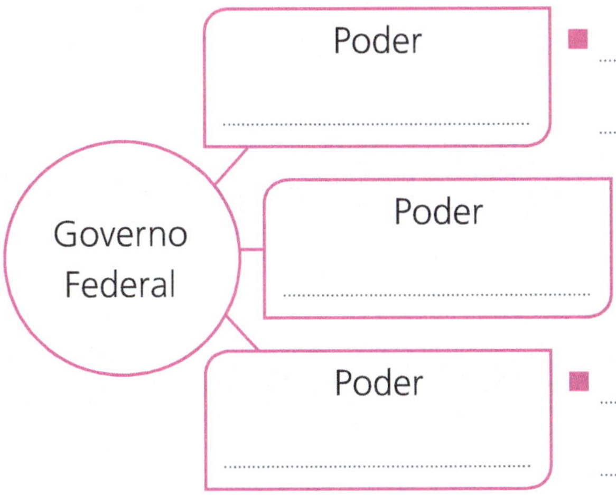

■ ....

■ ....

■ ....

b) Em seguida, escreva as funções de cada poder nas linhas correspondentes.

2 **O voto direto da população é um importante instrumento da democracia. Responda:**

a) Quais poderes do governo têm seus representantes eleitos pelo voto direto da população?

....

b) Quais são os representantes desses poderes eleitos pelo voto direto?

....

....

....

Divisão regional do Brasil

3 Observe o mapa a seguir e depois complete as frases.

Brasil: grandes regiões, segundo o IBGE

Fonte: IBGE. **Atlas geográfico escolar**. 7. ed. Rio de Janeiro, 2016. p. 94.

a) A região Nordeste é formada por .... estados e limita-se com as regiões ...., ... e ....

b) A região Sul é formada por .... estados: ...., ... e ....

c) Apenas uma região brasileira não é banhada pelo oceano Atlântico. Trata-se da região ....

d) Três regiões brasileiras fazem fronteira com países da América do Sul. São elas: ...., ... e ....

4 Leia a charge a seguir.

© Junião/Acervo do cartunista

JUNIÃO. **Folia**. Disponível em: <www.juniao.com.br>. Acesso em: jun. 2018.

a) O título da charge é **Folia**. No dicionário, encontramos os seguintes significados da palavra **folia**:

> 1. Brincadeira, farra.
>
> 2. Folc. Rel. Forma tradicional de festejar o dia de Reis, em que moças e rapazes saem cantando de porta em porta, com o que ger. obtêm bebidas e comidas.
>
> 3. Ant. Mús. Dança muito movimentada, ao som do pandeiro.
>
> AULETE, Caldas. **Dicionário Aulete digital**. Disponível em: <www.aulete.com.br>. Acesso em: jun. 2018.

- No caso da charge, qual é o significado que melhor se encaixa?

....

b) A que complexo regional brasileiro a charge se refere?

....

c) Levando em conta tudo o que você já sabe sobre a Amazônia, como você interpreta a charge? Leve em conta o título, o texto e a imagem.

....

....

....

....

5 Observe o mapa abaixo e identifique o estado onde você vive. Depois, responda às questões.

Brasil: complexos regionais

Fonte: GEIGER, Pedro P. Organização regional do Brasil. **Revista Geográfica**. Rio de Janeiro, n. 61, jul./dez. 1964. p. 51. In: MAGAGNO, Angélica. **Revista Brasileira de Geografia**, Rio de Janeiro, v. 57, n. 4, out./dez. 1995. p. 77.

a) Em qual dos complexos regionais brasileiros você vive?

....

....

b) Cite uma característica desse complexo regional e seu número de habitantes.

....

....

6 Com base no mapa da página anterior, complete os itens a seguir usando as palavras do quadro abaixo.

Paraná	Rondônia	Maranhão
indústria	litoral	Nordeste
desmatamento	Amazônia	

a) Estado brasileiro cujo território pertence tanto ao complexo regional da Amazônia quanto ao complexo regional do Nordeste:

....

b) Complexo regional que se destaca pela presença de muitos rios caudalosos: ....

c) Estado brasileiro localizado no complexo regional mais urbanizado do país: ....

d) Estado brasileiro localizado na Amazônia e que faz fronteira com a Bolívia: ....

e) Complexo regional que apresenta fortes desigualdades socioeconômicas: ....

f) Principal problema ambiental da Amazônia, resultado da intensificação da ocupação de seu território: ....

g) Atividade econômica que se desenvolveu no Centro-Sul a partir de 1930: ....

h) Principal área de concentração da população no complexo regional do Nordeste: ....

Tecnologia e espaço geográfico

Tecnologia

1 A gravura a seguir está relacionada à produção de açúcar de cana no século XIX. Como é a produção de açúcar de cana atualmente? Pesquise uma fotografia que mostre como a tecnologia modificou a etapa de descarregamento e de moagem da cana-de-açúcar. Cole-a no espaço abaixo.

Descarregamento da cana e sua moagem em épocas diferentes

Século XIX

Engenho de açúcar, de Johann Moritz Rugendas, 1835 (litografia colorida à mão, de 35,5 cm × 51,3 cm).

Século XXI

- Escreva um texto comparando a tecnologia nas duas épocas. Aponte as diferenças entre elas.

Tecnologia e mudanças no espaço geográfico

2 Leia o trecho do artigo a seguir e depois responda às questões.

> Denomina-se irrigação o conjunto de técnicas destinadas a deslocar a água no tempo ou no espaço para modificar as possibilidades agrícolas de cada região. A irrigação visa a corrigir a distribuição natural das chuvas.
>
> Constituindo uma técnica que proporciona alcançar a máxima produção, [...] a irrigação tem sido alvo de considerável interesse, principalmente nas regiões Nordeste e Centro-Sul do Brasil. De fundamental importância para a produção agrícola em regiões áridas, a irrigação vinha sendo constantemente relegada a um plano inferior nas regiões onde, sob certas condições, a precipitação natural permitia que as culturas se desenvolvessem e produzissem normalmente.
>
> LIMA, Jorge Enoch F. Werneck et al. *O uso da irrigação no Brasil*. **Agência Embrapa de Informação Tecnológica**. Disponível em: <www.agencia.cnptia.embrapa.br>. Acesso em: abr. 2018.

a) Qual é o conjunto de técnicas destacado no artigo?

....

b) Qual é o objetivo desse conjunto de técnicas?

....

....

c) Quais são as regiões em que há interesse nesse conjunto de técnicas?

....

d) Quais modificações essa técnica pode provocar nas paisagens rurais onde chove pouco e no modo de vida das pessoas?

....

....

3 O computador de uso doméstico é um equipamento que existe há poucas décadas. Compare as fotografias a seguir.

Tinxi/Shutterstock

Computadores de uso doméstico fabricados na década de 1980, com monitor de vídeo de tubo, central de processamento (CPU), teclado e *mouse* com fio.

Igor Klimov/Shutterstock

Computador de uso doméstico de 2018, com monitor de vídeo de tela plana, CPU embutida, teclado e *mouse* sem fio.

a) É possível afirmar que, apesar de recentes, os computadores domésticos já sofreram muitas transformações? Você acha que eles continuarão se modificando? Justifique suas respostas.

....

....

....

....

b) Enumere algumas situações em que você observou a presença e o uso de computadores.

....

....

....

....

....

Tecnologia, tipos de trabalho e consumo

4 **Observe a fotografia e leia um trecho das memórias do senhor Bernardino Polcaro.**

Memórias do Sr. Bernardino Polcaro, que, em 2000, quando deu este depoimento, tinha 82 anos.

"[...] Vi um acendedor de lampião e perguntei: "Onde posso arrumar esse emprego?". O homem era um português e me deu o endereço. Era na rua do Gasômetro. [...] Aí eu fui acender lampião. Quem me ensinou o serviço foi aquele mesmo que eu tinha perguntado. A cada 40 metros tinha um lampião. Acendia com uma taquara de 1,80 m mais ou menos, em cima tinha uma espécie de tubo, onde punha o óleo (de lamparina). Vinha uma borrachinha que descia de cima. Embaixo tinha uma bombinha que apertava, assim o fogo subia longe. [...]

MOREIRA, Ivette Gomes. *O acendedor de lampião*. **São Paulo, minha cidade**. Disponível em: <www.saopaulominhacidade.com.br>. Acesso em: jul. 2018.

Acervo Iconographia/Reminiscências

Acendedor de lampiões no município do Rio de Janeiro, no final do século XIX.

a) Como o senhor Bernardino acendia os lampiões? Que combustível era usado para fazer a chama do lampião?

....

....

b) Como é a iluminação das ruas e avenidas atualmente?

....

....

c) Por que você acha que a profissão de acendedor de lampiões desapareceu?

....

....

5 Observe a fotografia a seguir.

Imagno/Getty Images

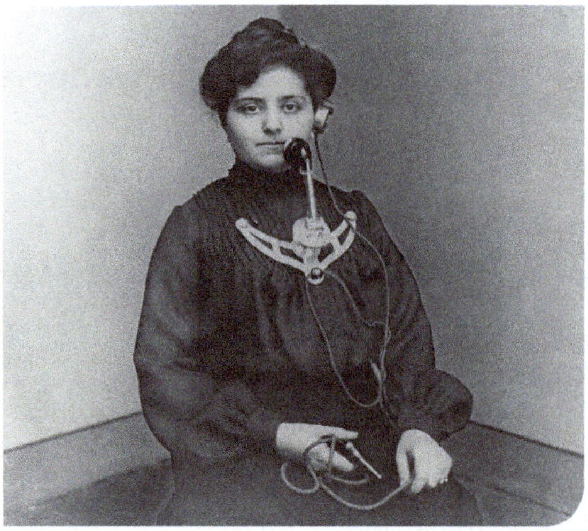

A telefonista é a profissional que recebe ligações externas por uma central telefônica e as distribui para diferentes ramais. Na fotografia, telefonista em Budapeste, na Hungria, em torno de 1900.

a) Essa profissão ainda existe, mas está desaparecendo. Por quê?

....

....

....

b) Você acha isso bom ou ruim? Explique.

....

....

....

6 Escreva **V** para as frases verdadeiras ou **F** para as falsas.

- [ ] A tecnologia possibilita o lançamento de novos equipamentos e a substituição de produtos por versões mais modernas e eficientes.
- [ ] Certas profissões, como datilógrafo e condutor de bonde, estão em alta.
- [ ] Os avanços da informática fazem surgir novas profissões, como programador e técnico de computadores.
- [ ] Com as novas tecnologias, é produzido um pequeno volume de lixo eletrônico, sem problemas para o ambiente.

7 Leia o cartaz abaixo.

Reprodução/Secretaria do Meio Ambiente/Prefeitura de Cabreuva

PREFEITURA de Cabreúva. Disponível em: <www.cabreuva.sp.gov.br>. Acesso em: jul. 2018.

a) Qual é o objetivo do cartaz?

....

....

b) De acordo com o cartaz, que tipo de material pode ser reciclado?

....

....

c) Explique a frase em destaque: "Os tempos mudaram... e os lixos também!".

....

....

d) Por que é importante descartar corretamente o lixo eletrônico?

....

....

A modernização do Brasil

O processo de industrialização

1 Chamamos de industrialização o processo em que ocorre, entre outros, ampliação de diversos tipos de indústrias.

Preencha o esquema a seguir usando as expressões do quadro, conforme instruções abaixo.

rede de transporte	problemas ambientais
transformação das paisagens	rede de energia elétrica
rede de comunicação	modernização do território

- Nos quadros 1, 2 e 3 do esquema, escreva os elementos que caracterizam o processo de industrialização. Observação: a ordem não importa, pois os três elementos são igualmente importantes.
- No quadro 4, escreva três consequências (positivas ou negativas) da industrialização de uma região.

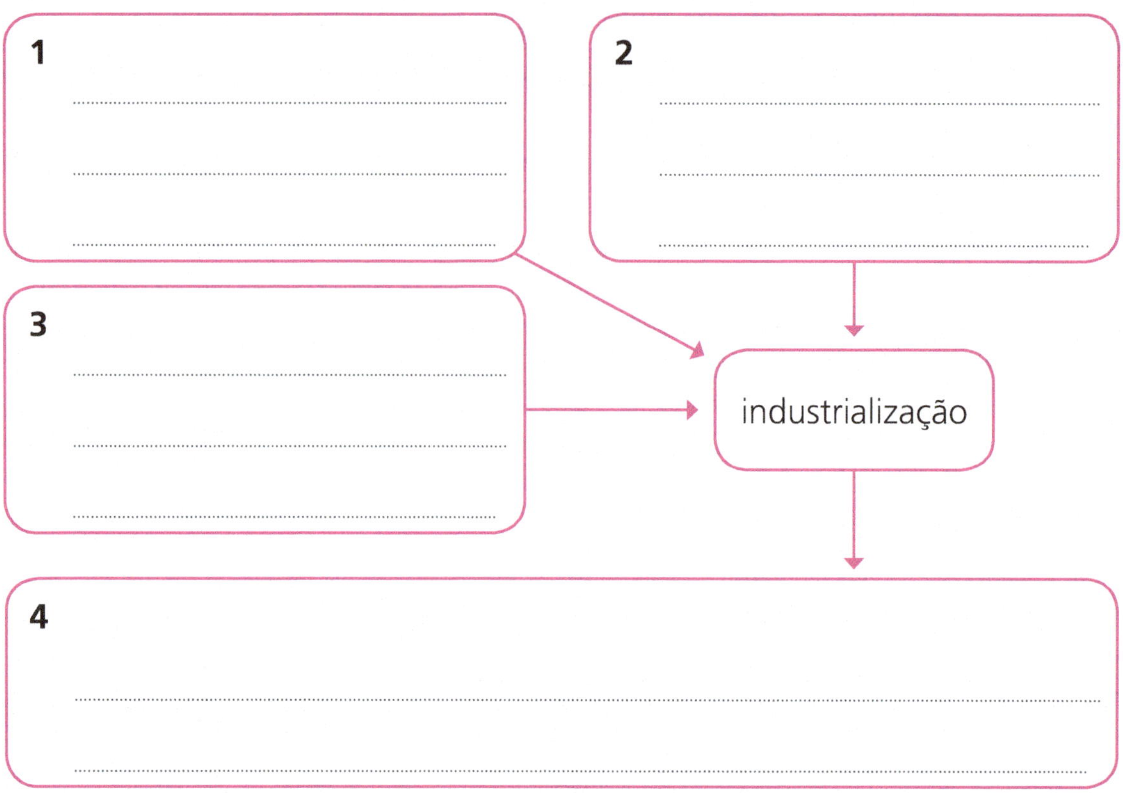

2 Leia as frases a seguir, sobre consequências da industrialização, e escreva **V** para as verdadeiras ou **F** para as falsas. Em seguida, corrija as frases que considerar falsas.

☐ Há um aumento da integração entre as cidades, que passam a formar uma rede urbana.

....

....

☐ A cidade e o campo se tornam cada vez mais independentes, menos integrados.

....

....

☐ Ocorre a transformação da paisagem de uma grande região.

....

....

☐ Diminui a produção de resíduos, uma consequência positiva para o ambiente.

....

....

☐ Ocorre um aumento da rede de transporte e de comunicação.

....

....

3 Complete as lacunas com as palavras do quadro abaixo.

integração	rodovias	industrialização

- O processo de .... promoveu a .... do território, principalmente pela expansão das ....

4 Há cidades que se destacam pela forte presença de indústrias. Outras se destacam pelo turismo ou pelo grande movimento de cargas. E a cidade do seu município, por qual função se destaca?

....

5 Pesquise, em jornais, revistas ou na internet, fotografias de cidades com as funções citadas abaixo. Recorte-as e cole-as nos espaços adequados. Escreva uma legenda para cada fotografia.

Cidade com função turística

....

Cidade com função portuária

....

6 Observe as fotografias, analise os problemas apresentados e faça o que se pede.

1

Luciana Whitaker/Pulsar Imagens

Ipatinga (MG), em 2018.

2

Rogerio Cavalheiro/Futura Press

Rio Tietê na altura de Salto (SP), em 2018.

a) Complete a legenda de cada fotografia, mencionando o problema retratado.

b) Qual é a relação entre o que é mostrado nas fotografias e a atividade industrial?

A modernização do campo

7 No Brasil, foi principalmente a partir da década de 1960 que teve início o processo de modernização do campo. Considere a lista de fatos abaixo e separe-os corretamente conforme as instruções a seguir.

Uso de máquinas e equipamentos	Desmatamento
Aumento da produção	Geração de empregos especializados
Uso de novas tecnologias	Uso de agrotóxicos
Uso de irrigação	Aumento da migração do campo para as cidades
Contaminação da água e do solo	Ocupação de novos espaços
Aumento do desemprego no campo	Aumento da concentração de terras

- No esquema a seguir, escreva, no quadro à esquerda, os fatos que **favoreceram a modernização** do campo. No quadro à direita, escreva as **consequências desse processo**, positivas ou negativas.

Fatos que favoreceram a modernização no campo		Consequências da modernização no campo
....		....
....		....
....		....
....	→ Modernização da agricultura →	....
....		....
....		....
....		....

Comércio exterior

8 O Brasil importa e exporta diversos produtos.

a) A lista a seguir relaciona, em ordem de importância, os seis principais produtos importados pelo Brasil.

Importação	
1º) Petróleo e derivados	4º) Automóveis e autopeças
2º) Equipamentos para a indústria	5º) Produtos utilizados na agricultura (fertilizantes, agrotóxicos, entre outros)
3º) Eletroeletrônicos, como computadores, *tablets* e *smartphones*	6º) Plásticos e derivados, como ceras e borrachas sintéticas

b) A lista a seguir relaciona alguns dos principais produtos exportados pelo país, em porcentagens do valor total das exportações (quanto maior a porcentagem, maior a importância do produto).

Exportação	
Automóveis: 3,0%	Soja triturada: 15%
Açúcar de cana: 3,7%	Carne bovina: 20%
Petróleo: 8,2%	Minério de ferro: 9,9%

- Ao lado da representação a seguir, anote os produtos que correspondem às quatro principais importações e às quatro principais exportações do Brasil. Atenção: os produtos exportados precisam ser colocados em ordem de importância.

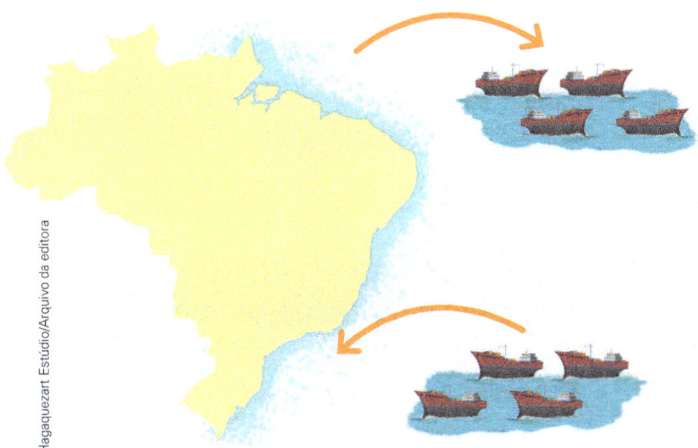

Hagaquezart Estúdio/Arquivo da editora

Exportação

1º ....

2º ....

3º ....

4º ....

Importação

1º ....

2º ....

3º ....

4º ....

Urbanização, problemas sociais e ambientais

A urbanização

1 Assinale com **X** as alternativas corretas.

a) No Brasil, a urbanização intensificou-se a partir da década de:

- [ ] 1940.
- [ ] 1970.
- [ ] 2000.

b) Muitas pessoas deixaram o campo para viver na cidade:

- [ ] por causa do desenvolvimento da atividade industrial, da mecanização da agricultura e da concentração de terras no campo.
- [ ] porque já não queriam mais trabalhar no campo.
- [ ] porque as terras não produziam mais.

c) Desde o início do século XXI:

- [ ] as áreas rurais estão recebendo grande número de pessoas.
- [ ] mais de 80% dos brasileiros vivem nas áreas urbanas.
- [ ] as áreas urbanas pararam de crescer e se desenvolver.

d) Urbanização é:

- [ ] o processo caracterizado pelo aumento da população rural em um ritmo maior que o da população urbana.
- [ ] o processo caracterizado pelo aumento da população urbana em um ritmo maior que o da população rural e pelas transformações da paisagem e do modo de vida decorrentes desse aumento.
- [ ] o processo em que a população urbana e a população rural crescem no mesmo ritmo.

2 A urbanização leva a inúmeras transformações da paisagem e do modo de vida das pessoas, tanto na cidade como no campo. Complete os quadros a seguir indicando duas dessas transformações no espaço urbano e duas no espaço rural.

Consequências da urbanização	
Espaço urbano	....
Espaço rural	....

3 A urbanização faz crescer a integração entre o campo e a cidade. Observe a fotografia a seguir e responda às questões.

Cesar Diniz/Pulsar Imagens

Plantação de verduras e legumes desenvolvida por agricultura familiar no município de Campo Grande (MS), em 2018.

a) Com que objetivo são produzidos esses cultivos?

....

b) Explique por que a propriedade onde se produzem esses cultivos deve ficar próxima do espaço urbano.

....

....

4 A fotografia abaixo mostra uma horta comunitária urbana.

Dirceu Portugal/Fotoarena

Horta comunitária urbana na cidade de Campo Mourão (PR), em 2017.

- Uma horta comunitária recebe os cuidados de várias pessoas, que, depois, dividem o que é produzido. Você acha importante a criação de hortas comunitárias nos espaços urbanos? Explique.

....

5 Leia o cartaz a seguir.

Reprodução/<assementeiras.files.wordpress.com>

AS SEMENTEIRAS. Disponível em: <https://assementeiras.files.wordpress.com>. Acesso em: jul. 2018.

- Proponha aos seus familiares e vizinhos a criação de uma horta comunitária nas proximidades da sua moradia. Veja se na região há algum espaço disponível para o cultivo e depois, juntos, pesquisem o que é necessário para começar a horta. E como diz o cartaz: divirtam-se!

Êxodo rural

6 **Escreva V se a afirmativa for verdadeira ou F se for falsa.**

- [ ] Chama-se êxodo rural a migração de pessoas do campo para a cidade.
- [ ] O êxodo rural foi muito intenso nas primeiras décadas do século XX.
- [ ] As pessoas que viviam no campo foram para a cidade atraídas pela oferta de empregos e por melhores condições de vida.
- [ ] Atualmente, a oferta de vagas para atividades que exigem pouca qualificação tem sido menor do que o número de trabalhadores em busca de emprego nas cidades.
- [ ] O maior número de empregos no campo estimulou muitas pessoas a desistir de ir para a cidade.

7 **Observe a xilogravura abaixo.**

Fugindo da seca, de J. Borges, [s.d.] (xilogravura, de 47 cm × 35 cm).

- A xilogravura representa pessoas do sertão nordestino se mudando. Pelos seus conhecimentos, por quais motivos elas sairiam do lugar onde viviam para se mudar para a cidade?

....

....

....

⋮ Rede de cidades

8 Observe o mapa a seguir e responda às questões.

Brasil: hierarquia e rede urbana – início do século XXI

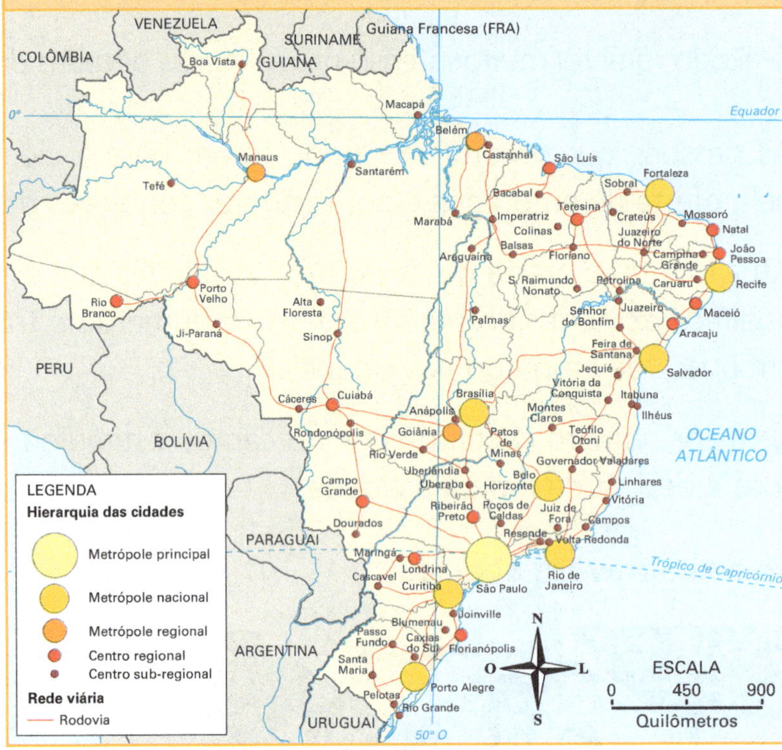

Banco de imagens/Arquivo da editora

Fonte: CALDINI, Vera; ÍSOLA, Leda. **Atlas geográfico Saraiva**. São Paulo: Saraiva, 2013. p. 64.

a) Onde se localizam as principais metrópoles brasileiras: no leste, no oeste ou no norte do país? Como você explica esse fato? Lembre-se do que você estudou em História!

....

....

b) Todas as capitais brasileiras são metrópoles? Exemplifique.

....

....

....

Problemas sociais urbanos

9 Escreva uma frase sobre o problema apresentado em cada uma das fotografias a seguir.

1

Daniel Cymbalista/Pulsar Imagens

Vendedor ambulante no município de São Paulo (SP), em 2017.

....

....

....

....

2

Jales Valquer/Fotoarena

Deslizamento de terra em razão das fortes chuvas destrói moradias construídas em área de risco no município de Mairiporã (SP), em 2016.

....

....

....

....

10 Observe a fotografia abaixo.

João Wainer/Folhapress

Grafite da dupla OSGEMEOS no bairro do Cambuci, no município de São Paulo (SP), em 2005.

- O que você acha que os artistas quiseram representar? Explique.

....

....

Problemas ambientais urbanos

11 Leia o trecho da crônica a seguir.

As enchentes

As chuvaradas de verão, quase todos os anos, causam no nosso Rio de Janeiro inundações desastrosas.

Além da suspensão total do tráfego, com uma prejudicial interrupção das comunicações entre os vários pontos da cidade, essas inundações causam desastres pessoais lamentáveis, muitas perdas de **haveres** e destruição de imóveis.

De há muito que a nossa engenharia municipal se devia ter **compenetrado** do dever de evitar tais acidentes urbanos.

Uma arte tão ousada e quase tão perfeita como é a engenharia, não deve julgar irresolvível tão simples problema.

[...]

Correio da Noite, Rio, 19-1-1915.

BARRETO, Lima. As enchentes. In: *Vida urbana*. Disponível em: <www.dominiopublico.gov.br>. Acesso em: jun. 2018.

haveres: bens, posses.
compenetrar-se: convencer-se.

a) Que tipo de problema ambiental urbano é abordado nesse trecho da crônica? Em sua opinião, por que esse problema ocorre?

b) Faça uma pesquisa e descubra se o problema ambiental urbano citado na crônica já foi resolvido no município do Rio de Janeiro atualmente. Anote aqui o que você descobriu.

Trabalho no Brasil

Tipos de trabalho

1 **Nas frases a seguir, sobre tipos de trabalho, escreva V se a afirmativa for verdadeira ou F se for falsa.**

- [ ] Há grande variedade de tipos de trabalho no Brasil, realizados nos diferentes setores da economia.
- [ ] As pessoas podem ser funcionárias de empresas particulares ou públicas.
- [ ] Autônomo é o trabalhador de instituições militares.
- [ ] Para ser autônomo é preciso trabalhar em uma empresa pública.
- [ ] Funcionário público é aquele que trabalha em uma instituição ou em um órgão do governo.

2 **Classifique os tipos de trabalho de acordo com os seguintes setores da economia:**

agricultura (**A**) comércio (**C**) indústria (**I**) serviços (**S**)

- [ ] médico
- [ ] caixa de supermercado
- [ ] colhedor de café
- [ ] professor
- [ ] soldador
- [ ] vendedor em loja de calçados
- [ ] auxiliar de escritório
- [ ] cabeleireira
- [ ] mecânico de automóveis
- [ ] auxiliar gráfico

3 Observe a fotografia abaixo. Em seguida, responda às questões.

Delfim Martins/Pulsar Imagens

Trabalhadores rurais no município de Lupércio (SP), em 2010.

a) Trabalhadores como os da fotografia são conhecidos como boias-frias. Quem é o boia-fria?

b) O tipo de trabalho que o boia-fria desenvolve pertence a qual setor da economia?

c) As atividades rurais como a do boia-fria são consideradas um emprego formal?

4 O desemprego tem causas variadas. Observe os pares de fotografias a seguir e faça o que se pede.

Gerson Gerloff/Pulsar Imagens

Ronaldo Almeida/Tyba

À esquerda, colheita manual de milho no município de Redentora (RS), em 2014. À direita, colheita mecanizada de milho no município de Guarani (MG), em 2018.

....

....

....

Cléo Velleda/Folhapress

Rubens Chaves/Pulsar Imagens

À esquerda, fila para atendimento bancário no município de São Paulo (SP), em 1995. À direita, terminais de autoatendimento em agência bancária no município de Campina Grande (PB), em 2015.

....

....

....

....

- Escreva outra legenda para cada par de fotografias identificando o motivo que pode ter causado desemprego em cada situação apresentada.

Trabalho infantil

5 **Leia o trecho da notícia e, depois, responda às questões.**

> Em 2016, 1,8 milhão de crianças de 5 a 17 anos trabalhavam no Brasil. Mais da metade delas (54,4% ou 998 mil), pelo menos, estavam em situação de trabalho infantil, ou porque tinham de 5 a 13 anos (190 mil pessoas), ou porque, apesar de terem de 14 a 17 anos, não possuíam o registro em carteira (808 mil) exigido pela legislação. É o que mostra o módulo temático da PNAD Contínua sobre Trabalho Infantil, divulgado hoje [29 nov. 2017] pelo IBGE.
>
> AGÊNCIA IBGE Notícias. PNAD Contínua 2016: Brasil tem, pelo menos, 998 mil crianças trabalhando em desacordo com a legislação. Disponível em: <https://agenciadenoticias.ibge.gov.br>. Acesso em: jun. 2018.

a) Em 2016, no Brasil, qual era o número de crianças em situação de trabalho infantil?

....

b) Em sua opinião, qual é o principal prejuízo do trabalho infantil na vida de crianças e jovens?

....

....

....

....

c) No lugar onde você mora, há crianças e jovens em situação de trabalho infantil? Em sua opinião, o que poderia ser feito para acabar com esse problema?

....

....

....

6 Leia o cartaz abaixo.

JUSTOCANTINS. O portal jurídico do Tocantins. Disponível em: <www.justocantins.com.br>. Acesso em: jul. 2018.

a) Descreva o que você observa no cartaz.

b) A que tipo de trabalho infantil esse cartaz se refere?

c) Como você interpreta a frase em destaque?

d) Em sua opinião, por que o cartaz mostra um brinquedo?

Direitos trabalhistas e condições de trabalho

Direitos do trabalhador

1 Escreva **V** se a afirmativa for verdadeira ou **F** se for falsa. Corrija as frases que considerar falsas.

☐ De acordo com a Constituição brasileira, todas as pessoas têm o direito de trabalhar.

....

....

☐ Salário mínimo é o menor valor que um trabalhador deve receber por seu trabalho de acordo com a lei.

....

....

☐ A Carteira de Trabalho assegura os direitos dos trabalhadores informais, que trabalham por conta própria.

....

....

☐ O décimo terceiro salário e as férias remuneradas são direitos apenas de trabalhadores que têm subemprego.

....

....

☐ O salário das pessoas com subemprego em geral não chega ao salário mínimo.

....

....

2 Leia a charge abaixo e, depois, responda às questões.

© Angeli/Acervo do cartunista

ANGELI. Salário mínimo. **Folha de S.Paulo**, 25 jun. 2005.

a) Qual é o título da charge? O que você observa na charge justifica esse título? Explique.

....

....

....

....

b) O homem está com medo de que o salário (que está no envelope) evapore. O que ele quer dizer com isso?

....

....

c) O cartunista gerou uma certa tensão na cena. Em sua opinião, que recursos ele usou para alcançar esse objetivo?

....

....

A mulher e o trabalho

3 Leia o texto e faça o que se pede.

> [...]
>
> As mulheres trabalham, em média, três horas por semana a mais do que os homens, combinando trabalhos remunerados, afazeres domésticos e cuidados de pessoas. [...]
>
> [...]
>
> Mesmo trabalhando mais horas, a mulher segue ganhando menos. Apesar da diferença entre os rendimentos de homens e mulheres ter diminuído nos últimos anos, em 2016 elas ainda recebiam o equivalente a 76,5% dos rendimentos dos homens.
>
> AGÊNCIA IBGE Notícias. Mulher estuda mais, trabalha mais e ganha menos do que o homem. Disponível em: <https://agenciadenoticias.ibge.gov.br>. Acesso em: jul. 2018.

- Assinale a alternativa correta.

a) A frase que melhor resumiria o texto é:

☐ A mulher estuda mais, trabalha mais e ganha menos do que o homem.

☐ A mulher trabalha mais e ganha o mesmo salário que o homem.

☐ A mulher estuda menos, trabalha menos, mas ganha o mesmo que o homem.

b) Somando trabalhos remunerados, afazeres domésticos e cuidados de pessoas, as mulheres trabalham, em média:

☐ 10 horas semanais mais que os homens.

☐ 7 horas semanais mais que os homens.

☐ 3 horas semanais mais que os homens.

O povo brasileiro – indígenas

O povo brasileiro

1 Escreva **V** se a afirmativa for verdadeira ou **F** se for falsa.

- [ ] Denomina-se miscigenação a mistura entre as pessoas de diferentes grupos étnicos.
- [ ] O Brasil apresenta pequeno número de mestiços na população.
- [ ] Os mestiços no Brasil são o resultado do encontro entre indígenas e europeus, indígenas e africanos, africanos e europeus.
- [ ] A miscigenação originou uma cultura rica e variada.
- [ ] É comum se observar a influência de diferentes grupos étnicos nas comidas e nas festas brasileiras.

2 **Ao longo da história, ocorreram muitos movimentos migratórios em território brasileiro. De acordo com a época e a região ou o estado que receberam os migrantes, indique as causas de alguns desses movimentos.**

a) Região Norte, final do século XIX e início do século XX.

....

....

b) São Paulo e Paraná, segunda metade do século XIX e primeira metade do século XX.

....

c) Minas Gerais, séculos XVII e XVIII.

....

Indígenas

3 Assinale com **X** a alternativa correta.

a) A partir de 1500, com a chegada do colonizador português:

- [ ] muitos grupos indígenas foram exterminados.
- [ ] a população indígena aumentou.
- [ ] muitos indígenas migraram para países vizinhos.

b) Atualmente, a população indígena pode ser considerada:

- [ ] grande, superando 3 milhões de indivíduos.
- [ ] muito pequena, totalizando 100 mil indivíduos.
- [ ] pequena, chegando próximo dos 900 mil indivíduos.

c) Os indígenas que vivem no Brasil:

- [ ] são muito semelhantes entre si e falam todos a mesma língua.
- [ ] falam línguas diferentes, mas possuem cultura semelhante.
- [ ] apresentam grande diversidade étnica e cultural.

d) Ainda existem no Brasil grupos indígenas isolados e a maior parte deles habita a região:

- [ ] Norte.
- [ ] Nordeste.
- [ ] Sudeste.

4 Observe o mapa abaixo e, depois, responda às questões.

Brasil: poluição – início do século XXI

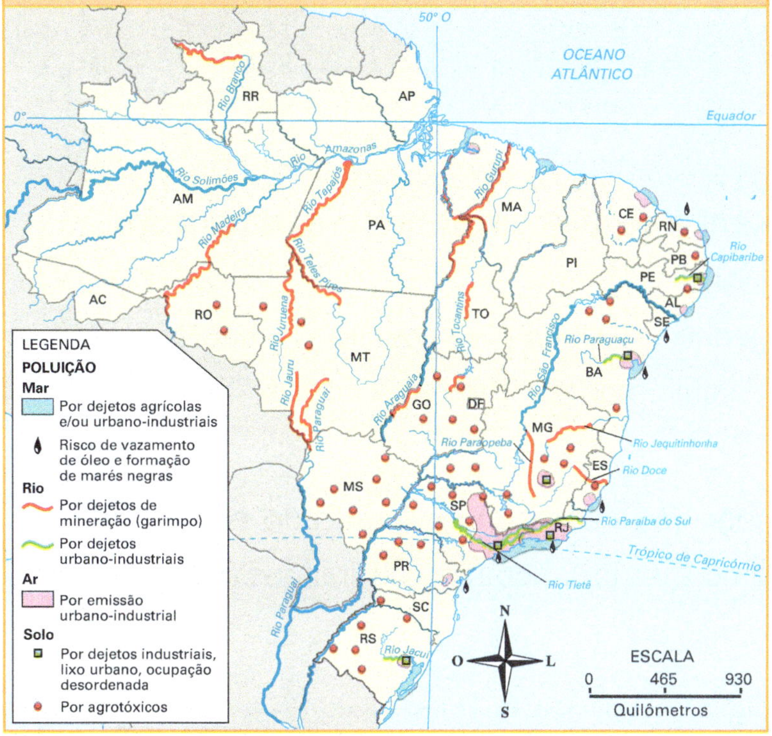

Banco de imagens/Arquivo da editora

Fonte: CALDINI, Vera; ÍSOLA, Leda. **Atlas geográfico Saraiva**. São Paulo: Saraiva, 2013. p. 71.

a) Em que região do país estão as principais áreas expostas à poluição por dejetos de mineração?

....

b) Que recurso natural é poluído com a mineração?

....

c) Na região Norte está localizada a maior parte das terras indígenas. Como a poluição gerada pela mineração pode afetar essas populações?

....

....

....

....

....

O povo brasileiro – afrodescendentes e imigrantes

Os afrodescendentes

1 Complete os itens a seguir com as palavras do quadro.

engenho	Gana	capoeira	banto
quilombo	samba	orixás	

a) Espécie de jogo (ou dança) muito praticado e apreciado no Brasil inteiro (e até no exterior), herança cultural dos africanos:

....

b) Um dos dois principais grupos étnicos a que pertenciam os africanos trazidos para o Brasil: ....

c) Comunidade criada por africanos e afrodescendentes escravizados que fugiam da escravidão, entre outras situações: ....

d) Ritmo musical herdado dos povos africanos que foram escravizados e trazidos para o Brasil; tornou-se uma das principais manifestações da cultura brasileira: ....

e) Um dos países que atualmente ocupam uma das regiões da África de onde milhões de africanos foram trazidos para o Brasil:

....

f) Nome das divindades das religiões afro-brasileiras: ....

g) Um dos principais locais de trabalho dos africanos e afrodescendentes escravizados: ....

2 Bagunça, caçula, minhoca e moleque são algumas das palavras trazidas pelos povos africanos e que hoje fazem parte da língua portuguesa falada no Brasil. Mas a contribuição africana não se restringe às palavras. A cultura brasileira recebeu outras influências dos povos africanos. Recorte, de jornais e revistas, ou imprima da internet, fotografias de contribuições culturais dos afrodescendentes, conforme as categorias indicadas.

Culinária

Instrumento musical

Festa

Os imigrantes

3 Nas frases a seguir, complete corretamente as lacunas.

a) O Brasil recebeu grande número de imigrantes entre o .... e o ....

b) No Brasil, muitos imigrantes vieram de diversos países da .... e da ....

c) Da América Latina o Brasil tem recebido imigrantes que vêm do .... , da .... e da ....

d) Os dois maiores grupos de imigrantes no território brasileiro são .... e ....

e) Os alemães se fixaram, principalmente, nos seguintes estados: ....

f) O estado brasileiro que concentrou o maior número de imigrantes foi ....

4 De onde são os imigrantes que têm chegado ao Brasil entre o final do século XX e o início do século XXI?

....

....

....

5 Cite alguns exemplos da contribuição dos imigrantes no lugar onde você mora.

....

....